YES를 이끌어내는 심리술

KOWAIGURAI HITO NI YES TO IWASERU SINRIJYUTSU

by Wataru Kanba

Copyright 2014 Wataru Kanba

Edited by CHUKEI PUBLISHING

Korean translation copyright 2015 by The Forest of Literature & GOD'SWIN
Publishers, Inc.

All rights reserved.

Original Japanese language edition published by KADOKAWA CORPORATION

Korean translation rights arranged with KADOKAWA CORPORATION

through EntersKorea Co., Ltd.

YES를 이끌어내는 심리술

1판 1쇄 인쇄 2015년 9월 5일
1판 1쇄 발행 2015년 9월 15일

지은이 간바 와타루
옮긴이 박재영

발행처 고즈윈
발행인 고세규

신고번호 제300-2005-176호
신고일자 2005년 10월 14일

주소 (121-896) 서울특별시 마포구 동교로13길 34(서교동 474-13)
전화 02-325-5676
팩스 02-333-5980

값은 표지에 있습니다.

ISBN 978-89-92975-88-9 13190

YES를
이끌어내는
심리술

간바 와타루 지음 | 박재영 옮김

고즈윈
God'sWin

상사에게 기획을 허락받거나 부하 직원에게 일을 시키거나 거래처와 계약을 체결하는 등 비즈니스 업무의 태반은 교섭이나 설득으로 성립된다고 해도 과언이 아니다.

비즈니스뿐만 아니라 일상의 인간관계에서도 교섭과 설득이 필요한 경우가 많다. 예를 들어 친구한테 자동차를 하루만 빌려달라고 부탁했다고 하자. 친구가 빌려주면 교섭은 성립되지만 빌려주지 않으면 교섭은 결렬된다.

만일 교섭이 결렬되었을 경우, 친구는 왜 자동차를 빌려주지 않은 것일까? 부탁하는 방법이 잘못됐을까? 아니면 친구에게 빌려줄 마음이 없었을까? 이와 같이 여러 가지 이유를 떠올릴 수 있다. 자신의 생각대로 모든 일을 진행하려면 상대방에게서 'YES'를 이끌어내야 한다.

교섭이나 설득은 연애에서 밀고 당기는 기술과 비슷하다고 생각할 수도 있다.

첫인상으로 상대방의 마음을 사로잡아서 호감을 느끼게 하면 내가 의도하는 방향으로 이끌어가기 쉬워진다. 데이트 신청 하나만 봐도 그렇다. 설득의 프로는 여성의 심리를 간파한다고 한다. 그들은 상대방이 자신에게 전혀 관심이 없다면 그 심리를 어떤 식으로 동요시킬 수 있는

지 잘 숙지하고 있는 것이다.

　이를테면 '고백할 때는 솔직하게 하는 것이 좋다!'고 하는 여성의 말을 그대로 받아들여서 처음부터 좋아한다고 공격해대면 깨끗이 차일 것이 뻔하다. 이는 쫓아오면 도망가고 싶어지는 심리가 발현된 것이다. 때로는 직구보다 변화구가 좋을 수 있고, 밀기보다 당기기가 상대방의 마음을 사로잡을 수 있다.

　비즈니스도 마찬가지다. 상대방에 맞춘 교섭 기술과 전술을 익히려면 상대방의 심리를 간파하는 요령과 적절한 시기를 파악해야 한다.

　비즈니스에서는 신용이 가장 중요하다. 거짓말로는 관계가 성립되지 않는다. 물론 성실함도 요구된다. 다만 항상 정직한 것이 좋다고만은 할 수 없다. 실적을 올리려면 거짓말을 해야 성립되는 부분도 많다. 다만 허언이나 무조건 상대방을 속이기 위한 거짓말은 안 된다.

　예를 들어 사람은 처음 만나는 자리에서 상대방을 겉모습으로 판단한다. 그래서 누군가를 처음 만날 때 헤어스타일이나 복장에 신경을 쓰고 예의 바른 태도에 주의한다. 이처럼 자기 연출을 잘할 수 있으면 상대방으로부터 호감이나 신뢰를 얻게 되어 이후의 비즈니스에도 긍정적인 영향을 주게 된다.

연설의 달인이라고 불리는 사람의 경우 이야기하면서 소리를 지르거나 책상을 주먹으로 내리치기도 한다. 이러한 연출로 분위기를 고조시켜서 청중을 사로잡는 것이다.

인간관계나 연애, 비즈니스에서도 이러한 자기 연출을 구사해야 큰 효과를 거둘 수 있다.

이 책에서는 실제 사례 및 실험 결과 등을 바탕으로 하여 비즈니스에서 보여지는 사회심리학의 기본적인 사고를 설명했다.

이 사회심리학의 기본을 이해하면 비즈니스뿐만 아니라 사회생활의 다양한 면에서 당신의 인간관계가 훨씬 원활하게 되고, 당신 자신도 향상될 것이다.

간바 와타루

'착각'을 이용해서 상대방에게 YES를 이끌어낸다!

상대방을 '동요'하게 만들어 YES를 이끌어낸다!

'암시'를 이용해서 상대방에게 YES를 이끌어낸다!

'분위기'를 이용해서 상대방에게 YES를 이끌어낸다!

Chapter 1

'편견'을 이용해서 상대방에게
YES를 이끌어낸다!

고객은 사실보다
그럴싸해 보이는 제품을
구입한다!

뭔가를 선택하거나 판단할 때 기준으로 삼는 요소는 사람마다 다르다. '다른 사람의 조언을 참고'하는 사람이 있는가 하면 '직감'을 믿는 사람도 있을 것이고, 또는 '관련 정보를 수집해서 객관적으로 결론을 내는' 사람도 있을 수 있다.

슈트를 구입할 때 당신이라면 다음 중 어느 것을 선택하겠는가?

> A. 색상이나 디자인, 소재 등을 고려해서 자신만의 감각으로 선택한다.
>
> B. 고정 디자이너(브랜드)의 제품 중에서 선택한다.
>
> C. 점원이 추천한 제품을 선택한다.

인간은 이성이 아닌 감정의 동물이라서 뭔가를 판단하거나 행동할 때 무의식중에 '편견'이나 '고정관념', '선입견' 등에 영향을 받는다.

예컨대 '비행기와 자동차 중에 어느 쪽이 더 위험한가?'라고 질문하면 '비행기'라고 대답하는 사람이 많다. 추락 사고가 일어나면 뉴스 등에서 사망자가 몇백 명이라고 보도하기 때문이다. 그런데 실제 사고 통계를 보면 자동차 교통사고 발생률이 훨씬 높다.

앞에서 한 질문은 평소 쇼핑할 때 무엇을 기준으로 삼는지에 관한 것이었다. A라고 대답한 사람은 자신의 감각을 믿는 유형이라고 할 수 있다. 이런 사람은 남들이 뭐라고 하든 간에 유행에 휩쓸리지 않고 자신의 마음에 드는 물건을 선택한다. B는 집착형, C는 동조형이라고 할 수 있겠다.

그러면 한 번도 써본 적이 없는 상품을 구입할 때는 어떨까?

눈앞에 상품 6종류가 있는데 그중 절반은 TV 광고에서 본 적이 있다고 하자. 내용물은 크게 다르지 않더라도 낯선 상품보다는 잘 알고 있는 제조업체의 상품이나 광고로 익숙한 상품 중에서 고르는 사람이 대부분일 것이다.

인간의 뇌는 입력된 정보를 지금까지 축적해놓은 지식과 서로 조절하고 합해서 동화시키는 기능을 지녔다. 그로 인해 '잘 팔리는 상품은 품질이 우수하므로 신용할 수 있다'는 편견이 생겨난다.

TV 등의 매체에서 날마다 반복적으로 보고 듣는 광고의 이미지가 기억에 남아 있는 경우도 있다.

미국의 심리학자 자이언스Zajons는 실험을 통해 접촉 횟수와 호감도에 관련성이 있다는 사실을 밝혀냈다. 인간은 반복해서 자극을 받으면 그 자극에 호의적인 태도를 형성하는 경향이 있다고 한다. 자이언스는 이 현상을 '단순 접촉 효과'라고 불렀다.

TV 광고는 신문이나 잡지와 달리 영상(시각)과 소리(청각)로 메시지를 전달하기 때문에 효과가 강력해서 기억에 남기 쉽다. 어린아이부터 어른에 이르기까지 대량의 시청자에게 동시에 상품을 선전할 수 있는 즉효성도 갖고 있다.

또한 TV 광고에는 호감도가 높은 배우나 운동선수, 잘나가는 아이돌, 유행하는 캐릭터 등 현재 가장 인기 있는 스타나 연예인들이 등장한다. 이는 호감도와 친숙함을 어필해서 상품 이미지를 부각시키기 위함이다.

시청자는 호감이 가는 스타의 이미지를 상품과 결부시켜서 좋은 상품 이미지를 스스로 만들어낸다. 예를 들어 화장품 광고에 예쁜 여배우가 등장하면, '저걸 바르면 저 여배우처럼 예뻐질 수 있을 거야' 하며 굳게 믿고 그 화장품을 구입하는 식이다.

톱 세일즈맨이나 통신판매 사업자들은 이 원리를 영업에 응용한다. 거래가 한 번에 성사되기 어려울 때는 정기적으로 방문하거나 카탈로그와 DM^{direct mail}을 배포하는 등 접촉 횟수를 전제로 해서 영업 전략을 세운다. 반복적으로 접촉해서 조금씩 접근해나가야 계약으로 이어질 가능성이 높아지기 때문이다.

고객은 상품을 구입할 마음이 없더라도 정기적으로 얼굴을 내미는 영업사원에게 호의를 느낀다. 그래서 '늘 오니까 한 번 정도는 사줄까?' 하고 정에 얽매여서 구입하는 사람도 생겨난다. 이 경우 '버티기로 승리했다'고 할 법한데, 고객은 딱히 억지로가 아니라 직접 선택해서 구입했다고 생각하지만 사실은 이러한 전략에 속은 경우도 적지 않다.

소량 한정 상품일수록
가치가 있다?

상품이 산더미처럼 쌓였는데도 '한정'이라는 말을 들으면 왠지 빨리 사놓아야겠다는 마음이 들게 된다.

이는 사람이 소량 한정 상품일수록 가치가 있다고 여기기 때문이다. 이 '한정성 효과'는 일상생활에서도 나타난다.

이를테면 날마다 시간이 남아도는 커플이 있다고 하자. 서로가 할 일 없이 허구한 날 만나다 보면 금세 질리는 데다 틀에 박힌 대화만 나누기 쉽다. 또 하루 이틀 얼굴을 안 보더라도 언제든지 만날 수 있다고 안이하게 생각한다.

그에 비해 한 달에 한 번만 만날 수 있는 장거리 연애 커플은 좀처럼 만나기 어려워서 함께 지내는 시간을 소중하게 생각할 것이다. 가령 헤어지기까지 앞으로 3시간밖에 남지 않은 경우처럼 시간이 촉박해지는 상황이 오면 그 시간은 더더욱 귀중해진다. 이렇듯 시간이 얼마 남지 않은 상황으로 인해 그 커플은 둘이서 보내는 시간, 그리고 자신과 상대방의 관계를 가치 있는 것으로 느끼게 된다.

영업에서도 이 심리를 이용한다. '희소가치가 높은 상품'이나 '프리미엄 한정 상품' 등과 같은 꼬리표를 달아 상품을 선전하는 경우가 많다.

유행하는 상품을 구입하는 것은 다른 사람들과 똑같은 것을 갖고 있다는 안도감을 준다. 하지만 고급성과 소수성을 지향하는 사람은 유행 상품보다는 한정 상품을 더욱 선호한다.

그 외에 브랜드 지향도 고급성 지향의 일종인데, 이는 사실 유행을 따른다고는 해도 다음과 같은 심리적 효과가 작용하는 것이다.

❶ 독점욕

❷ 시대를 앞서가고 있으며, 자신은 이미 그 상품을 갖고 있다는 우월감을 충족하고 싶다.

❸ 자신은 비싼 물건을 구입할 수 있는 신분이라는 점을 다른 사람들에게 과시하고 싶다.

❹ 자신을 고급스럽게 보이고 싶다.

따라서 마음에 든 브랜드의 가방을 모든 사람이 다 갖게 된다면 우월감은커녕 가방의 가치도 느끼지 못한다.

그런데 브랜드 상품이라도 시장에 막 출시된 최첨단 유행 상품이나 한정판은 소유한 사람이 아직 드물다. 이처럼 일부 사람만 갖고 있기에 희소가치가 있다고 느끼게 된다.

이렇듯 범위를 한정하면 희소성이 높아지고 가치가 올라가는 것처럼 느끼는 것을 '스놉 효과 snob effect'라고 한다.

이 심리는 비즈니스에서도 응용할 수 있다.

거래처 사람을 만나기 위해 전화할 때, 당신이라면 어떻게 말하겠는가?

다음 중에서 가장 근접한 답을 선택하기 바란다.

A: "시간이요? 저는 아무 때나 괜찮습니다."

B: "편한 시간에 맞춰서 찾아뵙겠습니다."

C: "오후 3시는 어떻습니까?"

D: "오후 3시에 찾아뵈어도 되겠습니까? 4시부터 회의가 있어서요."

어떤 것의 가치를 심리적으로 높이고 싶을 때는 한정성을 부여하면 효과적이다.

미팅 일정을 정할 때도 "언제든지 괜찮습니다", "편한 시간에 맞추겠습니다"라고 하기보다 "내일 오후 4시쯤이 괜찮습니다"라고 해야 그 말

을 들은 상대방은 시간이 한정되어 있다고 생각하게 된다. 그러면 만났을 때 본론부터 말하기 쉽고, 상대방은 되도록 주의해서 당신의 이야기에 귀를 기울이려고 할 것이다.

만약 시간 내에 결론이 나올 것 같지 않을 때는 "다음에 다시 오겠습니다"라고 해보자. 바쁜 것은 처음에 이미 양해를 구했으므로 상대방은 '몇 번이나 찾아오게 하는 것도 좋지 않고, 여기서 더 이야기해봤자 결론이 날 때까지 시간이 걸릴 거야'라고 생각해서 그냥 당신의 제안에 동의해줄 가능성도 높아진다.

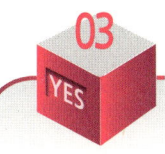

첫인상을 이용해서
상대방의 신용을 얻는다

사람들과 만나는 자리에서 다음의 네 명을 처음 소개받았다. 인사할 때 그들의 태도와 자세가 다음과 같다면 네 명 중 누구에게 가장 호감을 느낄 수 있겠는가?

A. 눈을 내리깔고 머뭇거린다.

B. 주머니에 손을 찔러 넣고 다리를 넓게 벌리고 앉는다.

C. 웃는 얼굴로 인사하고 등을 곧게 펴서 앉는다.

D. 친한 듯이 이름을 막 부르거나 어깨와 손 등을 만진다.

처음 데이트할 때는 물론이고 남녀의 만남의 장이라고 불리는 미팅 자리에 평소처럼 대충 입고 나가는 사람은 거의 없다. 당연히 남녀 모두 한껏 멋을 부리고 나갈 것이다.

물론 '옷이 사람을 만들지 않는다'는 서양 속담처럼 사람은 겉보기와 다르다고 하지만, 처음 만날 때 오감 중에서 시각을 통해 얻는 정보가

87%나 차지한다고 한다. 커뮤니케이션을 통해 얻는 정보 55%에 비해 월등히 높다.

이렇듯 복장이 달라지면 그 사람의 인상은 싹 바뀐다. 일반적으로 사람들은 상대방의 인품이나 사회적 지위 등을 헤어스타일과 복장을 포함한 겉보기로 판단하는 경우가 많다.

게다가 이 겉보기에 따라 그 사람을 대하는 주위 사람들의 반응까지 달라진다. 횡단보도에서 빨간불을 무시하고 건너가면 주위 사람들이 어떤 반응을 보이는지 조사한 실험이 있다. 실험에서 슈트를 입은 회사원이 건너갈 때는 똑같이 신호를 무시하고 건너가는 사람이 많았던 것에 비해서, 점퍼와 청바지 차림의 털털한 복장을 한 사람이 건너갈 때는 영향을 받는 사람이 거의 없었다. 참고로 실험한 사람은 같은 인물이었으며 옷만 바꿔 입었다.

물론 겉보기만으로는 어떤 사람인지 판단할 수 없다. '처음에는 붙임성이 없는 사람인 줄 알았는데 어울리다 보니 장점이 보였다'는 경우도 있을 것이다. 하지만 그것은 오랜 시간을 공유해서 서로를 이해했기 때문이지, 보통 처음 만나는 자리에서 '느낌이 나쁜 사람'이라는 인상을 받으면 다시는 그 사람을 만나려고 하지 않는다.

우리가 처음 만나는 상대를 판단할 때는 상대방의 외모나 태도, 말투 등을 그 근거로 삼는데, 여기에 자기 자신의 선입견이나 고정관념, 경험 등도 반영되는 경우가 많다.

앞에서 예로 든 A~D는 다음과 같은 인상을 준다.

A. 내성적이고 자신감이 없어 보인다.

B. 건방지고 느낌이 좋지 않다.

C. 예의 바르다.

D. 버릇없이 친한 척한다.

또한, 이러한 첫인상은 훗날까지 남는다.

가령 복장이 단정한 사람은 똑바로 행동할 거라고 생각해서 상대방이 쉽게 신뢰한다. 그래서 예의 바르고 옷을 단정하게 입은 사람이 어쩌다 지각을 한다거나 약속을 잊어버리는 일이 생기더라도 '급한 일이 생겼겠지', '깜박 잊었을 수도 있어' 하고 호의적으로 해석한다.

반대로 처음 만났을 때 상대방의 머리가 부스스하고 구겨진 슈트에 비듬까지 떨어져 있으면 '이 사람은 단정치 못하다'는 인상을 받아서,

그 사람이 나중에 지각하거나 약속을 잊으면 '아아, 역시 칠칠치 못한 사람이었어'라고 느낀다.

이것은 자신이 지닌 '단정한 사람', '칠칠치 못한 사람'이라는 이미지가 옳다는 것을 증명할 수 있는 행동만 상대방에게서 선택적으로 모으는 심리가 작용하기 때문이다.

이렇듯 처음에 제시된 부분이 기억에 쉽게 남는 것을 심리학 용어로는 '초두 효과'라고 부른다. 만약 처음에 부정적인 느낌을 갖게 되면 부정적인 초두 효과를 부여하므로 나중에 그것을 만회하기가 힘들다.

또 사람들은 그때의 심리에 따라 입을 옷을 결정하기도 하지만, 입은 옷에 따라 심리가 달라지는 경향도 있다. 이것은 '복장의 효과'라고 불리며 비즈니스에도 도입되고 있다. 업무 능력이 아무리 뛰어나도 이 효과를 파악하지 못하면 일을 잘하기 어렵다.

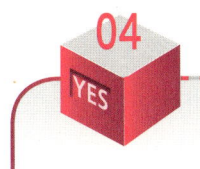

고개를 잘 끄덕여서 상대방에게 이야기를 이끌어낸다

말을 잘 못한다고 고민하는 사람이 많지만 사실 회화에서는 말하는 것보다 듣는 것이 중요하다. 한편 말을 잘하는 사람은 상대방의 이야기도 잘 들어 준다고 하는데 듣는 방법에도 요령이 있다. 이럴 때는 이야기를 그저 듣기만 하는 게 아니라 상대방이 쉽게 말할 수 있도록 대화의 흐름을 가져가는 것이 중요하다.

그럼 어떤 식으로 들어야 상대방이 기분 좋게 이야기할까?

핵심은 고개를 끄덕이고 맞장구치는 행동에 있다.

실제로 공무원 면접시험에서 면접관이 적극적으로 고개를 끄덕일 때와 그러지 않을 때 피면접자의 반응이 어떻게 다른지 조사한 실험이 있다.

면접을 보러 온 사람은 60명, 면접 시간은 각자 45분씩이었다. 이때 면접은 15분씩 세 파트로 나눠서 처음 15분은 일반적인 면접으로 진행했다. 다음 15분은 면접관이 전체 피험자 중 20명의 말에만 고개를 많이 끄덕이면서 진행했으며, 마지막 15분은 다시 일반적인 면접을 실시했다. 그 결과 처음부터 끝까지 일반적인 면접을 본 피험자 40명은 발언량이 거의 일정했다. 이에 비해 면접관이 고개를 많이 끄덕여준 피험자 20명은 발언량이 증가했다.

들는 사람이 고개를 거의 끄덕이지 않으면 말하는 사람은 '내 이야기에 흥미가 없나?', '내 이야기가 전해지지 않은 걸까?'라며 불안해한다. 반면 들는 사람이 고개를 잘 끄덕이면 '내 이야기에 관심을 가져준다', '확실히 전해졌다', '이해해주는구나!' 하고 안심해서 이야기를 계속할 수 있다.

처음 만나는 사람과 대화를 나눌 때는 어쩐지 어색해진다. 상대방의 이야기를 좀 더 듣고 싶을 때 당신이라면 어떻게 하겠는가?

A. 상대방에게 여러 가지 질문을 해본다.
B. 이야깃거리를 직접 제시하지 않는다.
C. 몸짓을 크게 한다.
D. 상대방의 이야기에 적극적으로 고개를 끄덕인다.

가장 적절한 방법은 D다. 앞의 실험에서 면접 보러 온 사람들도 면접관이 고개를 잘 끄덕여준 덕분에 좀 더 이야기하고 싶어져서 발언량이 단번에 늘어난 것이다.

A는 질문 내용에 따라 대화 분위기가 깨질 수도 있다. 이렇게 처음 만나는 자리에서 상대방에 관해 꼬치꼬치 질문하는 사람이 있는데, 이런 사람은 오히려 경계심을 갖게 한다. 또한, B는 상대방이 뭔가 이야기하고 싶어 할 때, C는 자신의 생각을 전하고 싶을 때 효과적인 방법이다.

초보 영업사원은 일단 상품을 판매하려는 마음에 고객을 몇 번이고 찾아가지만 상대방의 관심을 얻지 못하면 계약으로는 이어지지 않는다. 방문할 때마다 상품 설명만 장황하게 늘어놓아 봤자 고객은 귀찮게 여기므로 오히려 역효과다. 그보다 상대방의 관심사에 관해 물어보는 것이 요구를 이끌어내는 지름길이다.

누구든지 자신의 이야기를 즐겁게 들어 주는 사람이 있으면 또 만나서 이야기하고 싶어 한다. 따라서 대화할 때 듣는 입장이 되어서 반복적으로 고개를 끄덕이며 상대방이 기분 좋게 이야기할 수 있는 자리를 제공하면 좋다.

그렇다고 해서 단지 고개만 끄덕이면 되는 것은 아니다. 끄덕이는 횟수가 지나치게 많으면 대충 듣는다는 인상을 주기 때문에 역효과다. 실제로 기업 연수나 세미나 등에서 고개를 연신 끄덕이는 사람들이 있는

데, 이야기를 듣고 있는 듯해도 내용을 거의 이해하지 못하는 경우가 많다.

고개를 끄덕일 때는 이야기의 요소요소를 파악해가면서 끄덕이면 좋다. 상대방과 눈이 마주칠 때나 이야기가 일단락될 때를 기준으로 하면 끄덕이는 횟수가 적더라도 '제대로 듣고 있다', '이해했다'는 메시지를 상대방에게 전할 수 있다.

반대로 상대방이 고개를 끄덕이는 횟수를 통해 자신의 이야기에 관심이 있는지 없는지도 추측할 수 있다. 상대방이 고개를 거의 끄덕이지 않거나 "오호", "그래" 등과 같이 짧게 대답하기만 할 때는 지루해한다는 증거이므로, 즉시 화제를 바꾸거나 상대방에게 이야기를 넘기면 좋다.

아무튼 고개를 끄덕이는 행동은 대화에서 필수적이다. 상대방의 이야기를 잘 듣는 사람은 '고개를 잘 끄덕이는 사람'이기도 하다.

'이해해'라는 한마디로
마음을 사로잡는다

　예를 들어 당신이 두 사람(A씨, B씨)에게 각각 똑같은 이야기를 했다고 하자.

　이야기를 하던 중에 당신이 무심코 푸념하는 것을 듣고 두 사람이 보인 반응은 다음과 같다.

　당신은 A씨와 B씨를 보고 어떤 인상을 받겠는가?

A 씨의 대화

당신: "아까 과장님한테 불려가서 혼났어."

A씨: "그랬구나……"

당신: "업무 중 저지른 실수는 내 책임이지만 과장님 말씀은 좀 심했어."

A씨: "이해해. 그런 말 들으면 주눅 드는 게 당연하지."

당신: "아까 과장님한테 불려가서 혼났어."

B씨: "또?"

당신: "업무 중 저지른 실수는 내 책임이지만 과장님 말씀은 좀 심했어."

B씨: "몇 번이나 똑같은 실수를 하니까 그런 거야. 과장님도 당연히 화가
　　　　나시겠지."

사람은 누구나 인정받고 싶어 하고 좋은 평가를 받고 싶어 하는데, 이 것을 가리켜 자기 승인 욕구라고 한다. 이때 고개를 끄덕이거나 맞장구 치는 행동은 듣는 사람이 말하는 사람의 이야기에 대해 '확실히 전해졌 다', '이해했다'는 반응을 보여주는 것이며, '자신의 이야기를 들어달라' 는 상대방의 승인 욕구를 만족시키는 것이기도 하다.

이를테면 친구나 동료가 어떤 일로 고민 중이라고 치자.

뭔가 돕고 싶어도 다른 사람의 모든 것을 이해하기란 불가능할 것이 다. 그래서 "응, 그래, 이해해"라는 말을 경솔하게 내뱉으면 무책임하다 는 인상을 줄 수도 있다.

고민거리를 터놓는 사람은 원인이나 해결책을 스스로 알고 있다. 구 체적으로 조언해도 결국 참고 정도로만 생각한다.

"그건 네가 잘못했어!"

"그런 일로 쓸데없이 고민하다니, 좀 정신 차려."

이런 식으로 잘못을 고치려고 하거나 질책하고 격려하는 반응은 거 의 도움이 되지 않는다. 상대방은 오히려 '이 사람한테 괜히 얘기했어' 라고 생각하며 두 번 다시 그 이야기에 관해 언급하지 않을지 모른다.

특히 여성이 누군가에게 고민을 이야기할 때는 해결책을 바라는 것이 아니라 그냥 이야기를 들어 줬으면 하는 경우가 많다. 그런데 이야기를 듣자마자 "너의 이런 점이 문제가 아닐까?", "그 생각 자체가 이상하지 않아?"라고 말하는 사람은 융통성이 없는 사람이다. 설령 그것이 옳다고 해도 상대방은 그런 조언을 바라는 것이 아니라 단지 이야기를 들어 주고 자신이 지금 힘들다는 것을 이해해주기 바라는 것이다. 고개를 끄덕여가며 이야기를 들어 주고 '경솔하지 않게' "응, 그래", "이해해"라는 말로 공감을 표현하면 상대방은 안심하며 계속 이야기할 수 있다.

심리요법이나 상담 분야에서는 '라포르rapport(두 사람 사이에 생기는 상호신뢰관계를 의미하는 심리학 용어 – 역주)'라고 불리는 관계가 있다. 이 관계에서 치료하는 사람은 고객의 고민이나 불만에 대해 물어봐서 고객 스스로 자신의 문제를 깨닫고 해결할 수 있게 하고, 나아가 고객이 인간적으로 성장해가는 것을 곁에서 도와준다. 그들은 좋고 나쁘고를 떠나서 일단은 받아들이고 공감을 표현하는 것이 중요하다고 한다.

이렇듯 고통이나 고민 등이 표현을 통해 해소되는 현상을 심리학 용어로 '카타르시스'라고 한다. 원래는 의학 용어로, 배설물을 체외로 배출해서 몸을 깨끗이 한다(정화한다)는 뜻이다.

예컨대 하고 싶은 말을 했더니 속이 시원해져서 '줄곧 고민했던 것이 어리석게 느껴졌다'는 경험을 한 적이 있는 사람도 분명히 있을 것이다.

이 방법은 상사와 부하 직원, 남성과 여성 사이에 효과가 있다. '인정받고 싶다'는 것은 인간의 기본적인 욕구다. "응, 그래", "그렇구나", "이해해", "그 말이 맞아"라는 말로 공감을 표현하면 상대방은 안심하며 신뢰를 보낸다.

굉장히 효과적인 한마디
'나는 네 편이야!'

대부분의 사람들은 인정받고 싶다는 동기와 욕구를 근거로 해서 행동하는 경우가 많다. 바꿔 말하면 사람들은 언제나 자신의 이야기를 들어 주고 자신을 인정해주는 사람을 원한다.

특히 기가 죽었을 때 격려해주는 사람의 존재를 고마워하며 그 상대에게 호의와 신뢰감을 느낀다. 또 상대방이 '나는 네 편이야!'라고 말해주는 것만으로 마음 든든해한다.

이처럼 다른 사람에게 말을 걸거나 행동을 취하는 것 등을 포함한 커뮤니케이션을 가리켜 심리학에서는 '스트로크stroke(인정 자극 – 역주)'라고 부르는데, 이 스트로크의 종류에는 '조건부'와 '무조건부'가 있다.

가령 '당신의 연봉이 높으니까 결혼하고 싶어'라는 것은 '조건부 스트로크'이며, '실업자지만 일은 또 찾으면 되잖아. 당신을 좋아하니까 결혼하고 싶어'라는 것은 '무조건부 스트로크'라고 할 수 있다.

예를 들어보겠다.

요즘 들어 컨디션이 안 좋고 일에도 좀처럼 집중할 수 없다. 아니나

다를까 업무상 큰 실수를 저질러서 상사에게 혼나고 거래처에도 폐를 끼쳤다.

그런 이유로 주눅 들었을 때 동료에게 이유를 말했더니 다음과 같은 반응을 보였다.

다음 중 어떤 말을 들었을 때 가장 기분이 좋을까?

A: "누구나 그럴 때가 있어."

B: "신경 쓰지 마! 열심히 일하자."

C: "기분 전환이라도 할 겸 실컷 마시고 놀아볼까?"

D: "누가 뭐라고 해도 나는 ○○ 씨 편이야."

실패했을 때 이 중에서 어떤 말이 상대방에게 안도감을 주고 또 마음을 치유해주는지는 말할 것도 없다. 답은 당연히 D다.

여러 가지로 쉽게 기가 죽는 사람이나 자신감이 결여된 사람, 즉 자기 평가가 낮은 사람일수록 자신을 인정해주는 상대에게 무한한 신뢰를 보낸다.

자기 평가는 자기 자신을 어떻게 생각하고 평가하는가를 의미한다.

이러한 자기 평가에는 두 종류가 있다. 하나는 행동에 의한 평가로, 이를테면 일에서 실적을 올리면 자신감이 붙는다고 하듯이 행동의 결과에 의해 자기 자신을 평가하는 것이다. 이 경우 성공했을 때 자기 평가가 더욱 높아진다. 다른 하나는 타인의 영향에 의한 평가다. 일반적으로 자기 평가는 타인에게 칭찬받으면 높아지고 욕을 먹으면 낮아지는데, 이때 자신과 다른 사람을 비교해서 평가한 것을 기준으로 삼는다. 대부분의 사회적 평가도 타인에 의한 자신의 능력 평가라고 하겠다.

이 두 가지 자기 평가는 최종적으로 자신의 주관에 따르는데 자기 긍정감이나 자존감과도 관계가 있다. 자기 긍정감이나 자존감은 유아기에 형성된다고 한다. 엄마나 주위 어른들과의 관계 속에서 '나는 이 세상에 존재해도 된다'며 자기 긍정감을 얻은 사람은 주눅 들 때는 있어도 자신의 존재를 의심하거나 부정하지 않는다. 자신은 존재할 가치가 있는 사람이라는 것을 알고 있기 때문이다.

반면 유아기에 칭찬받은 경험이 거의 없는 사람은 자기 긍정감을 얻지 못해서 사소한 일로 주눅 들거나 자신을 부정하는 경향이 강하다. 이렇게 자기 평가가 낮으면 불안감과 자신감 결여, 열등감, 타인의 시선이 신경 쓰이는 자의식 과잉, 자기 비하 등의 경향이 강해져서 극단적인 경우에는 사회적 부적응을 일으킨다.

또 자기 평가가 낮은 사람은 자신과 주위 사람들을 끊임없이 비교해서 상처 입거나 기가 죽는 경우도 많다. 그런 사람은 누군가가 다정하게 말을 건네주거나 칭찬해주기를 바란다.

"○○ 씨는 상냥한 점이 있네요."

"그렇게나 힘든 일을 금방 할 수 있다니 역시 대단해요."

"모두에게 폐를 끼쳤다니요, 그런 건 신경 쓰지 않아도 돼요. ○○ 씨는 이 직장에서 꼭 필요한 존재니까요."

"괜찮아요. 나는 ○○ 씨 편이에요."

이런 말들은 자신감을 잃었을 때일수록 들으면 기분 좋은 법이다.

자신의 단점까지 받아들이고 응원해주는 사람이 있으면 마음이 든든해지고 큰 안도감을 느낄 수 있다. 그것은 능력의 유무를 떠나서 살아 있는 존재 자체에 대한 긍정적인 평가가 된다.

따라서 호의를 느끼는 사람이 있으면 상대방을 전면적으로 받아들이고 "나는 네 편이야!"라고 한마디 건네보자. 그러면 상대방은 반드시 당신에게 호의와 신뢰를 보일 것이다.

Chapter **2**

'집단 심리'를 이용해서 상대방에게 YES를 이끌어낸다!

망설이는 사람은 반드시
주위와 똑같이 행동한다

　우리는 우리가 자신의 의사나 판단으로 행동한다고 여긴다. 하지만 항상 명확한 판단을 근거로 하여 매사를 결정하거나 행동한다고 단정지을 수는 없다.

　이를테면 인생에는 진학이나 취직, 교제, 결혼 등과 같이 큰 전환기를 맞는 사건이 있는데, 그때의 선택이나 행동을 되돌아보기 바란다. 명확한 목적 없이 행동한 경우도 있고, 다른 사람의 추천이나 그 자리의 분위기에 휩쓸려서 선택한 경우도 있을 것이다.

　미국의 사회 심리학자 솔로몬 애쉬Solomon Asch는 이를 확인하기 위해 실험을 실시했다.

　피험자를 바람잡이 6명 사이에 넣고 "지금부터 시각 실험을 하겠습니다"라고 말한 뒤 길이가 다른 여러 개의 선 중에서 길이가 같은 것을 골라내는 테스트를 했다. 사전에 미리 짠 바람잡이들이 일부러 답을 틀렸더니 피험자의 오답률은 평균 37%에 달했다.

　눈으로 보면 바로 알 수 있는 쉬운 테스트였지만 피험자는 바람잡이

들의 해답에 영향을 받은 데다 '나만 다른 답을 말하면 이상하게 여기지 않을까?' 하는 불안에 사로잡혀서 틀린 답을 말한 것이다. 피험자 중에는 바람잡이들의 해답을 보는 동안 '내가 틀린 게 아닐까?' 하고 모든 것을 의심하기 시작하는 사람도 있었다고 한다.

이처럼 다른 사람들과 하나가 되길 원하거나 똑같이 행동하고 싶어하는 경향을 '동조 심리'라고 한다.

위의 실험은 미국에서 실시한 것이나 '무비판적 의식', '획일화 사회'라고 불리는 일본에서는 동조 비율이 좀 더 높을지 모른다.

특히 일본인은 개인보다 집단을 중시해서 자신의 의견을 철회하고 주위에 맞추는 경향이 강하다. 상대방의 의견에 진심으로 동조하는 것이 아니라 표면적으로 받아들이는 척을 하는 것이 무난하다고 생각한다. 또한 집단따돌림을 당할 수 있다는 걱정에 집단과 같은 행동을 취하려고 한다.

어떤 물건이 유행한다는 사실을 알면 대부분의 사람들이 똑같은 물건을 갖고 싶어 하는 것도 이 동조 의식이 작용하기 때문이다.

유행으로 말하자면 예전에는 J리그, 최근에는 한국영화나 드라마를 좋은 예로 들 수 있다. 몇 년 전까지 젊은 사람들의 커뮤니케이션 도구로 불렸던 휴대전화도 보급률이 높아짐에 따라 어린아이부터 고령자까지 사용하게 되었다. 그래서 이제는 휴대전화가 없는 사람을 찾아보기 힘들 정도다. 휴대전화는 언제 어디서나 전화를 걸 수 있다는 점에서 편리하다. 그러나 실제로는 거의 사용하지 않는데 단지 모든 사람들이 갖고 있다는 이유 때문에 가입한 사람도 많다.

이렇게 물건 하나를 구입하는 데도 자신의 판단 아래 무엇을 살지 확실히 결정하는 사람은 생각보다 적은 게 아닐까?

대부분의 사람들은 타인의 말이나 행동을 참고로 해서 구매를 결정한다. 실제로 쇼핑을 할 때 상황이 명확하고 판단 재료가 많은 경우보다도 상황이 불명확하고 판단 재료가 적은 경우가 오히려 많을 것이다.

인간은 집단을 만드는 생물이며, 무의식중에 주위 사람의 행동을 보면서 자신도 그에 맞춰 행동하는 경향이 있다. 특히 어떤 문제에 관해 자신의 의견이 확실하지 않은 경우, 다른 사람의 판단을 요구하거나, 남들의 행동을 참고로 해서 자신의 행동을 정하려고 하는 경향이 강하다.

회의에서 의견을
통과시키고 싶다면 집단으로
압력을 가하자

어떤 사람이 회의에서 '이건 좀 아니다 싶은' 의견을 냈다. 그런데 상사를 비롯해 동료들까지도 그 사람의 의견에 찬성하는 모양새다. 이럴 때 당신이라면 어떻게 하겠는가?

A. 주위 사람들이 찬성한다면 그 의견에 따르는 것이 무난하다고 생각한다.

B. 주위 사람들이 찬성하는 의견이니까 그 의견이 타당할 것이라고 여긴다.

C. 자기 혼자만 반대 의견이라 해도 자신의 의견을 말한다.

D. 자신 외에 반대하는 사람을 찾는다(흐름을 살핀다).

회의 중에 의장이 "이 의견에 찬성하시는 분?"이라고 발언하면 일부가 박수를 치거나 "이의 없습니다!"라고 말한다. 그러면 주위 사람들은 그 말에 넘어가서 일제히 박수를 치며 만장일치의 결론을 내리는 경우가 있을 것이다.

미국의 심리학자 모튼 도이치Morton Deutsch와 해롤드 제라드Harold Gerard

는 사람이 동조하는 것은 두 가지 상황에 처했을 때라고 했다.

첫째는 올바른 대답이나 판단이 요구되어질 때다.

경험한 적이 없는 일이 갑자기 일어나거나 상황이 명확하지 않아서 스스로 판단할 수 없는 경우, 사람은 주위 사람들의 행동을 살펴서 똑같이 행동하는 것이 안전하다고 생각한다.

회의 등에서도 자기 의견에 자신감이 없을 때 다른 사람의 행동을 참고로 해서 자신의 행동을 결정하려고 하므로 주위의 모습을 살피며 많은 사람들의 의견에 동의한다.

둘째는 자신이 고립될 수도 있는 언동을 최대한 삼가고, 주위의 분위기에 맞추려고 할 때다.

이는 자신이 소속된 집단에서 인정받고 싶을 때나 상대방의 마음에 들기 위해 동조하는 경우다. 특히 이 경향은 상대방의 권위가 자신보다 높거나 자신과 비슷한 경우 더욱 강해진다.

회의에서도 이 '동조 압력'을 가하기 쉽다. 어떤 의견이 대다수일 경우, 그 의견에 찬성해야 한다는 압력이 작용한다. 집단 내의 소수는 다수의 압력에 굴복당하기 쉽다. 그 행동을 하는 사람이 많으면 많을수록 그 행동은 옳다고 간주된다. 다수에 굴복하는 소수는 주위 사람들의 행동을 옳다고 생각하려 한다. 이는 자기 행동을 정당화하는 일인데, 똑같은 행동을 하는 사람이 많을수록 자기 혼자 책임을 추궁당하는 것이 아니라는 '책임 분산'의 심리도 작용한다. 이러한 행동을 재촉하는 큰 원인은 바로 집단 심리이다. 유리한 쪽에 편승하거나 힘 있는 사람에게 의지하는 것이 집단 심리의 좋은 예라고 할 수 있다.

톱 세일즈맨들은 이 심리를 교묘하게 이용한다.

망설이는 고객에게 "모든 사람들이 이 제품을 사용합니다", "이쪽 일을 하는 사람들은 전부 갖고 있어요"라는 말로 아무 내색 없이 '집단 의식'을 강조한다. "다른 고객들도 이 상품을 구입했습니다"고 넌지시 말하면 고객은 자신만 유행에 뒤처지는 기분이 들어서 자기도 모르게 구입한다고 한다.

"여배우 ○○ 씨도 우리 고객이십니다."

"○○사(고객과 같은 업종의 회사)에서도 사용하십니다."

"멋을 아는 분들은 모두 이 제품을 구입했습니다."

이런 식으로 고객이 동경하는 사람이나 경쟁 회사를 예로 들기도 하고, 고객의 열등의식을 자극하기도 한다.

잡지 광고의 '인기 순위 1위'나 '시장 점유율 No.1'과 같은 선전 문구, TV CF의 "저도 사용해봤어요!", "이런 효과가 있었어요!"와 같은 소비자의 증언 등은 '많은 사람들이 사용한다'는 메시지를 전하는 것이 목적이다.

이러한 동조 의식은 누구나 많든 적든 갖고 있는데, 의존심이 강한 사람, 체면이나 이목을 신경 쓰는 사람, 수동적인 사람, 유행을 좇고 싶어 하는 사람, 주위에 '좋은 사람'으로 보이고 싶은 나머지 'NO'라고 확실히 거절하지 못하는 사람일수록 동조 심리가 강하다. 이런 사람들은 동조 심리가 강한 만큼 남의 말에 넘어가기 쉽다.

뒤집어 생각하면 상대방의 승낙을 얻고 싶을 때 이 '집단 의식'을 사용하면 승낙받기가 쉬워진다는 말이다.

주눅 든 사람을 격려할 때도 "다른 사람들도 다 그래"라고 하면 상대방은 안심할 것이다. 이 말을 하는 것만으로도 '나 혼자만이 아니라 모두가 그렇다'는 안도감을 주기 때문이다.

좋든 나쁘든 이 '집단 의식'은 상대방의 마음을 동요시키는 효과가
있다.

자기편 3명을 모으면
사전 교섭은 성공한다

　뭔가를 다수결로 결정할 경우에는 그 결과를 따르는 수밖에 없지만, 서로가 자유롭게 의견을 제시하면서 뭔가를 결정할 경우에는 자신이 동조 압력을 어떤 자세로 받아들이는지 확인해야 한다.

　이를테면 당신의 의견에 동조하는 사람이 적더라도 '누가 어떤 식으로 생각해도 상관없다'면 자신 있게 발언할 수 있을 것이다. 반대로 당신의 의견을 다수가 지지한다 해도 당신 스스로 '고립되고 싶지 않다'고 느끼면 발언을 삼가게 된다.

　당신의 의견을 어떻게든 밀고 나가고 싶을 때는 집단 심리를 응용하면 좋다.

　회의나 의논을 하는 자리에서 자주 이용되는 것이 바로 '사전 교섭'이다.

　주위에 지지하는 사람이 있느냐 없느냐로 주위의 반응은 달라진다. 확실히 자기 혼자서 의견을 말하는 것보다 편들어주는 사람이 몇 명 정도 있어야 주위 사람들의 찬성을 쉽게 얻을 수 있다. 그래서 자신의 의견에 찬성하도록 사전에 동의하는 사람을 만들어놓는 것이다.

'사전 교섭'이라는 말을 들으면 나쁜 인상을 받는 사람도 있지만, 사전 교섭은 정계뿐만 아니라 모든 비즈니스 현장에서 볼 수 있다.

사람은 타인의 언동에 매우 쉽게 영향을 받아서 집단의 의견에 이끌려 태도를 결정한다.

사전 교섭은 이 심리 기술의 원리를 잘 응용한 방법으로, 주위의 지지를 얻는 데 굉장히 효과적이다.

혹 무슨 줄인지도 모르는데 무심결에 줄을 선 적이 있지는 않은가?

음식점 앞의 줄을 본 사람들은 '사람들이 이렇게나 많이 줄을 섰으니까 분명히 맛있는 음식점일 거야'라고 굳게 믿으면서 자신도 모르게 줄을 선다. 여기에는 자기 혼자만 거기에 참가하지 않으면 뭔가 손해를 보는 게 아닐까 하는 심리도 작용한다. 이러한 집단 압력을 설득에 이용할 수 있다. 미리 멤버 몇 명에게 바람잡이(지원군) 역할을 부탁해놓으면 다른 사람들을 설득하기 쉽다.

그렇다면 구체적으로 동조하는 사람을 몇 명 이상 모아야 할까?

솔로몬 애쉬의 연구에서 바람잡이 수를 증감해본 결과, 바람잡이가 한두 명일 때보다 세 명일 때 오답률이 급격히 상승했고, 네 명 이상일 때는 큰 변동이 없었다고 한다. 즉, 집단 속에서 어떤 의견을 주장하는 사람이 최소 세 명만 있으면 동조하는 사람이 생길 확률은 높다는 뜻이다.

이 3이라는 숫자는 '숫자의 정당성'이라는 원칙과 관련이 있다.

예를 들어 직장에서 두 사람이 웃으면서 대화를 나누면 주위에서는 별반 관심을 보이지 않는다. 하지만 세 사람이 모여 서로 웃으면 어떨까? 무슨 일이 있는 게 아닐까 싶어 다가가서 이야기를 들어보고 싶어

질 것이다.

'3'은 수가 많다는 의식이 생기는 기준점이다. 회의할 때 당신의 의견을 통과시키고 싶으면 사전에 교섭해서 찬성하는 사람을 적어도 두 명은 확보해놓고, 당신이 의견을 말한 직후에 "찬성!", "그거 좋은 아이디어네요"라는 의사를 표시하게 하면 된다. 당신을 포함해서 세 사람이 같은 의견을 주장하면 주위 사람들이 동조할 확률은 높아진다.

누군가의 발언 후에 박수를 치는 행동이나 "찬성!", "협력하겠습니다!"라는 발언은 그 자리의 분위기를 이끌어내는 효과가 있다. 주위 사람들도 무심코 영향을 받아서 연쇄적으로 박수를 치는 현상이 일어나기도 한다.

이처럼 모든 사람들이 행동하거나 믿는 일을 강조해서 대중의 동조성에 호소하는 것을 '밴드왜건Band Wagon 효과'라고 한다.

밴드왜건이란 행렬의 선두에 서는 악대차를 말한다. 유행을 만들어내는 효과가 있어서 사전 교섭에 능숙한 사람은 이 밴드왜건 효과를 잘 응용하는 사람이라고 할 수 있을 것이다.

회의에서
주도권을 잡고 싶다면
여기에 앉아라!

우리는 테이블에 둘러앉아 대화를 나누는 경우가 많다.

회의나 미팅뿐만 아니라 거래처와의 접대나 회식, 의논, 교섭이 있을 때, 또는 호감을 느끼는 이성에게 고백할 때 등과 같이 다양한 상황에서 테이블에 둘러앉아 사람들과 대화한다.

일본에 상석이나 상좌(윗자리), 말석이나 말좌(맨 아랫자리) 등 앉는 위치가 그 사람의 지위와 관계가 밀접하다는 독특한 풍습이 있다는 사실은 잘 알려져 있다. 그러나 자신의 인상이나 상대방과의 관계를 앉는 장소로 조정할 수 있다는 사실을 아는 사람은 적다. 테이블에 둘러앉아 여러 사람들과 말을 주고받을 경우라도 앉는 위치에 따라 상대방에게 주는 심리 효과는 달라진다.

다음의 그림을 보기 바란다.

회의나 의논을 할 때 당신은 어느 자리에 앉는 경우가 많은가?

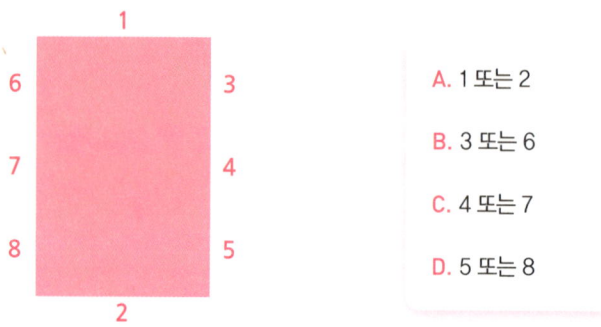

회의를 잘 진행하려면 어떤 장소에서 어느 위치에 앉아야 좋을까?

그림과 같이 좌석이 준비되어 있을 때 회의 등을 할 경우에는 1, 2, 4, 7을 지도자의 자리로 판단한다.

1, 2에 앉는 지도자는 솔선해서 분위기를 끌어가는 독재적 유형이 많고, 4, 7에 앉는 지도자는 화합을 귀하게 여기며 대인관계를 중시하는 민주적 유형이 많다.

그래서 이 회의에서 주도권을 잡고 싶은 경우에는 우선 1, 2, 4, 7 중 한 자리를 확보해야 좋다. 발언력을 높이거나 다른 사람들을 이끌어가고 싶은 경우에는 1이나 2, 모두 함께 대화를 나누면서 한 가지 사항을 결정하고 싶은 경우에는 4나 7에 앉으면 좋다.

또한 누가 자신의 정면이나 옆에 앉느냐에 따라서도 심리 상태가 달라진다.

바로 정면은 아무래도 위압감이 있어서 대립하는 분위기가 만들어지기 쉽다. 시선이 마주치기 때문에 얼굴을 마주 보고 앉은 사람끼리는 자석의 같은 극처럼 심리에 반발이 잘 일어난다.

　따라서 서로 마주 보는 사람의 의견에 반대하고 싶어지는 심리가 작용한다.

　정상회담과 같은 양자회담은 두 사람이 마주 보지 않고 서로가 옆으로 약간 비스듬히 앉아서 진행하는 경우가 많다. 정면에 앉지 않는 것은 대립 감정을 높이는 것을 피하고 우호적인 대화 분위기를 유지하기 위함이다.

　그런데 회의 시의 행동 패턴을 분석한 것 중에 '스틴저Stenger 효과'라고 불리는 것이 있다.

미국의 심리학자 스틴저는 소집단의 생태를 연구한 결과, 회의나 대화 시 나타나는 사람의 공통적인 습성을 발견했다. '스틴저의 3원칙'으로 불리는데, 같은 멤버가 반복해서 회의를 할 때 보이는 재미있는 현상이다.

❶ 예전에 말다툼한 상대가 같은 회의에 출석했을 때는 그 상대의 정면에 앉는 경향이 있다.

❷ 누가 어떤 의견을 말하면 다음에는 그 의견에 반대하는 의견이 나오기 쉽다.

❸ 의장 역할을 하는 사람의 리더십이 너무 약하면 정면에 앉은 사람과 사담을 나누는 반면에 의장 역할을 하는 사람의 리더십이 너무 강하면 옆 사람과 사담을 나눈다.

어떤가? 당신의 경험에 빗대어 생각해보면 훨씬 재미있을 것이다.

회의 시 앉는 장소를
이용해서 전략을 바꾸자

앞에서 거론한 '스틴저의 3원칙'에 관해 좀 더 생각해보자. 왜 이러한 경향이 강해지는지 그 심리를 추측해보기 바란다.

❶ 예전에 말다툼한 상대가 같은 회의에 출석했을 때는 그 상대의 정면에 앉는 경향이 있다.

❷ 누가 어떤 의견을 말하면 다음에는 그 의견에 반대하는 의견이 나오기 쉽다.

❸ 의장 역할을 하는 사람의 리더십이 너무 약하면 정면에 앉은 사람과 사담을 나누는 반면에 의장 역할을 하는 사람의 리더십이 너무 강하면 옆 사람과 사담을 나눈다.

이 스틴저의 3원칙으로 각각의 경향을 이해하고 그에 맞는 대책을 세울 수 있다.

회의 때는 자신의 정면에 앉는 사람을 주의해야 한다. 다른 자리가 비었는데도 자신의 정면에 앉는 사람이 있다면 '내게 뭔가 하고 싶은 말이 있다'고 생각하면 된다. 반대 의견을 가진 사람은 당신의 정면에 앉고 싶어 한다. 아마도 당신의 발언이 끝난 순간에 반론할 가능성이 높다. 그러므로 회의 때는 자신과 같은 의견을 가진 사람의 정면에 앉거나 정면에 앉은 사람의 동의를 얻을 수 있는 발언에 유의하면 좋다.

상대방이 절대적인 지도자이거나, 의견이 갈리는 사람이거나, 또는 자신에게 호의를 가져주었으면 하는 사람인 경우에는 정면에 마주 보고 앉는 것을 최대한 피하는 편이 좋다.

반대 의견을 가진 사람은 '발언하지 않으면 그대로 결정된다'고 생각하기 때문에 반대 의견을 말하려고 한다. 그래서 반대 의견이 나오기 전에 계속해서 찬성 의견을 말하도록 다른 사람을 사전 교섭하면 찬성을 얻기 쉽다.

당신의 의견에 찬성하는 사람을 찾아서 당신의 정면에 앉게 하자. 그렇게 하면 당신의 정면에 앉아서 반론하는 사람을 피할 수 있다. 반대 의견을 가진 상대가 되도록 멀리 앉으면 논의가 격렬해지지는 않을 것이다.

또는 반대의 의견을 가진 사람을 정면으로 마주 보지 않도록 당신 옆자리에 앉게 하는 것도 효과적이다.

최상의 방법은 정면을 피해서 옆이나 테이블 모서리를 사이에 두고 직각으로 만나는 자리에 앉으면 좋다.

그렇다면 반대 의견을 가진 사람이 많을 때 자신의 발언을 인정받으려면 어떻게 해야 좋을까?

참가자의 의견이나 논조, 결론 등을 사전에 조사해놓으면 된다. 자신이 의견을 말했을 때 몇 명이 찬성하고 반대하는지, 어떤 점이 쟁점인지, 힘이나 권력 관계는 어떠한지 미리 정보를 얻어서 분석하면 방향성을 예측하기 쉬워진다.

원칙 3

사담을 나누는 모습을 보고 리더십의 강도를 정해서 적절한 방향으로 궤도를 수정해야 한다.

'스틴저 효과'는 남의 말이나 행동을 예측할 수 있는 힌트가 된다. 그 힌트로 사전에 상대방의 심리를 읽으면 그 자리의 방향성을 자신의 생각대로 충분히 움직일 수 있다.

그런데 왜 정면보다 옆에 앉아야 대립 감정이 생기기 어려운 것일까? 어깨를 나란히 하고 앉으면 시선이 마주치지 않아서 불안과 긴장을 느끼지 않아도 되기 때문이다. 또한 같은 방향에서 같은 것을 본다는 일체감이 생겨난다.

친구 이상 애인 미만인 관계의 남녀도 벤치에 나란히 앉아서 거리를 좁히면 친밀한 분위기가 자연스럽게 형성된다. 비즈니스 관계에 있는 상대라도 개인적인 화제에 관해 이야기하고 싶을 때는 옆에 앉으면 쉽게 말을 꺼낼 수 있는 분위기가 만들어진다.

이렇듯 앉는 장소에 따라 이야깃거리나 서로에게 주는 인상도 달라진
다. 또 목적과 상황에 맞게 앉는 위치를 바꾸면 자신을 어필할 수도 있다.

우유부단한 상사일수록
손바닥 위에 올려놓고 굴리기 쉽다

어떤 회사원이 이런 상담을 했다.

회의에서 '새로운 기획을 계속 내라'는 말을 듣고 몇 가지 기획을 고안해서 상사에게 기획서를 제출했더니, 상사가 "나중에 훑어보겠네"라고 했단다. 그래서 며칠을 기다린 뒤 다시 한 번 물어보니, "아, 그거? 뭔가 좀 부족하던데……"라며 모호하게 대답했다고 한다. 그뿐만 아니라 직장 내에서 개선점에 관해 구체적으로 제안해도 "지금 바쁘니까 나중에 얘기하세" 하고 우물쩍 넘긴다고 한다. 항상 그런 식이라서 '저 상사에게는 기획이나 제안을 내도 시간 낭비다'라는 생각에 일할 의욕도 사라졌다고 그 회사원은 말했다.

사람은 누구나 자신을 가장 사랑하는 법인데 특히 이런 무사안일주의를 가진 상사는 자기 방어가 강해서 애초부터 위험을 피하고 싶어 한다. 책임 전가는 일상다반사에다가 도망치는 속도만큼은 굉장히 빠르다. 게다가 이런 유형은 일을 잘하는 사람보다 인간관계를 잘 유지할 수 있는 사람을 선호한다. 능력 있는 부하 직원이 한 명이라도 있으면 주위 사람들이 질투하거나 반발심을 가져서 서로 다투거나 귀찮은 일이 생긴다고 생각하기 때문이다. 그렇다고 해서 이 유형의 상사와 똑같이 행동하면 승진 및 출세와는 무관해질 뿐만 아니라 정리 해고 대상이 될 수도 있다.

만약 상사가 이런 유형이라면 어떻게 해야 좋을까?

먼저 무사안일주의인 사람의 특징 세 가지를 들겠다.

❶ 결단력과 실행력이 부족하다.
❷ 만장일치의 의견이 아닌 이상 움직이려고 하지 않는다.
❸ 업무 효율보다 인간관계를 원만하게 수습하는 일을 우선시한다.

이런 상사에게는 일단 '모두'라는 말을 강조하는 것이 중요하다.

기획이나 제안을 전달할 때는 주위 사람들에게 양해를 구해놓은 뒤 "모두에게 동의를 얻었습니다", "모두 같은 의견입니다"와 같이 '만장일치한 의견'이라는 것을 강조하면 좋다. 상부에 전하게 하고 싶을 때는 "'부하 직원들이 이런 제안을 내놓았습니다'라고 한마디 덧붙여주시면 좋겠습니다"라고 말해둔다.

내용에 따라서는 상사가 마음에 들어 하는 사람이 대표로 말하면 상사도 'NO'라고 하기 어려워진다. 만장일치로 자신들이 직접 하겠다고 한 이상, 상사로서도 반대할 명분이 없다.

무사안일주의 유형의 사람들이 실패를 두려워하는 것은 '남들에게 비웃음당하고 싶지 않다', '무시당하는 것이 싫다'는 마음이 다른 사람보다 배로 강하기 때문이다. 그만큼 체면이나 이목을 중요시하는 경향이 강해서 주위 사람들이 어떻게 생각하는지 시종일관 신경 쓴다. 그렇기 때문에 어설프게 반대해서 '이해심이 없는 상사'라는 소문이 나는 것은 싫다는 심리도 작용하여 "뭐, 모두가 그렇게 말한다면 어쩔 수 없지" 하고 승낙하게 되는 경우가 많다.

게다가 트러블이 일어났을 때 무사안일주의인 사람은 자신이 그 원인을 만든 장본인이라고 해도 모르는 척하기로 작정하거나 부하 직원 탓으로 돌리는 등 책임 전가하는 태도로 일관하는 경우가 많다.

"과장님이 아무 말씀 안 하셔서 그렇게 됐잖아요."

"그건 과장님 책임이에요."

이런 식으로 예리하게 지적하면 발뺌하려고 하거나 악착같이 원망할 수도 있다.

그래서 설령 상대방 책임이더라도 도망갈 길 하나쯤은 남겨주는 것

도 필요하다.

"이대로는 부장님 귀에도 들어갈 겁니다. 외부로 새어나가면 난처하지 않을까요?"

"○○과에서도 비슷한 일이 있었나 본데 중역회의에서도 책임 문제가 화제가 된 듯합니다. 좀 불안하네요"라고 걱정하는 말투 속에 가벼운 위협을 암시하면서 책임 소재를 확실히 하도록 하자.

'회사 내의 나쁜 소문'은
막기 어렵다

이벤트 회사에서 일하는 A씨는 이직했지만 경력이 길고 능력도 있어서 늘 상사로부터 높은 평가를 받는다. 심지어 A씨는 유부남인데도 스스럼이 없어서 여사원들에게 인기가 높다.

그래서 다른 남성 사원들 중에는 A씨를 달갑지 않게 여기는 사람도 있다. 특히 상사로부터 어떤 일로 인해 A씨와 비교당한 B씨는 A씨에게 강한 적대심을 갖게 되었다. 선수를 빼앗긴 데다 호감을 느끼던 동료 여성까지 A씨의 편을 들었기 때문이다.

그래서 B씨는 수다쟁이에 소문내는 것을 좋아하는 여사원에게 A씨에 관한 나쁜 소문을 퍼뜨리게 했다. "업계 소문으로는 A씨가 이전 회사를 관둔 이유가 기획 아이디어를 다른 회사에 팔아넘긴 사실이 들통 나서래요"라는 이야기를 대화에 섞어서 전한 것이다.

A씨의 존재를 거북해하던 사람들까지 편승해서 소문은 순식간에 퍼졌고 상사의 귀에도 들어가게 되었다. 사실 무근이지만 평판이 떨어진 탓에 회사에 있기가 괴로워진 A씨는 이직을 생각 중이다.

인기가 떨어진 연예인이 화제작을 위해 스캔들을 만드는 경우는 쉽게 볼 수 있다. '○○와 △△ 부부, 파국에 이르렀나?', '○○, 한밤중에 뮤지션과 뜨거운 데이트' 등과 같은 연예 가십은 일상다반사여서 연예 리포터라는 직업까지 있을 정도이다. 그러나 일반 사회에서의 소문이나 유언비어는 '일상다반사'로 끝나지 않는다.

이를테면 회사원 C씨는 일은 잘하는데 돈을 빌리거나 빌려주는 일에는 허술한 사람이라고 하자. C씨를 탐탁지 않게 여기는 동료 D가 "E가 C에게 돈을 꽤 빌려줬나 본데 갚지 않아서 굉장히 난처한 모양이야"라는 소문을 흘린다. 이 말이 다른 사람들에게 전해지는 사이에

'C는 돈이 궁해서 갚지 못하는 것이다.'

'C는 여기저기에 돈을 빌리러 다닌다.'

'C는 사채업자에게 쫓겨서 큰일이다.'

'빚 때문에 가족과도 사이가 좋지 않은 듯하다.'

이런 식으로 점점 부풀어오른다.

'세상 사람들의 입은 막을 수 없다'는 말이 있듯이 소문은 확실한 근거가 없어도 이 사람 저 사람에게 연쇄적으로 퍼져나간다. 게다가 무책임하게 소문을 퍼뜨린 사람들은 자신이 한 말을 완전히 잊어버리기도 한다. 결국 소문의 대상이 된 사람만 피해를 입어서 사회적 신용을 잃거나 부부관계마저 금이 간 사례도 흔하다. 경우에 따라서는 정리 해고를 당할 상황까지 몰린 사람도 있다.

정계 등에서는 상대방을 몰락시키기 위해 불륜 스캔들을 흘리기도 하는데, 회사에서도 이 수법을 이용한 소문이 많다.

과장이 같은 부서의 여사원과 카페에 함께 있는 것을 이웃 부서 직원

이 목격했다. 그 직원은 "오늘 ○○ 과장님과 F씨가 카페에 함께 있는 걸 봤어"라고 동료에게 말한다.

이 말을 들은 동료는 다른 동료에게 전하고, 또 다른 동료에게 전해서 이야기가 점점 퍼져나간다. 그러는 동안 이야기는 정확하게 전해지지 않는다. "과장님과 F씨가 카페에서 사이좋게 이야기했대"라고 과장스럽게 표현하면 다른 동료가 들었을 때는 "과장님과 F씨가 몰래 만났다"가 된다. 또 다음 사람이 들었을 때는 "둘이 사귄다나 봐"와 같이 이야기가 점점 커진다.

소문을 듣고 두 사람을 감싸려고 한 다른 여사원까지 '저 여사원이 과장님하고 사귀나?' 하고 의심하기도 한다.

이처럼 사소한 소문을 이용해서 큰 유언비어를 만들어내기는 쉽다. 처음에 소문을 퍼뜨리는 사람이 소문 대상자의 제3자라면 식은 죽 먹기다. 제3자는 나중에 유언비어라는 사실이 밝혀져도 자신만 손해 볼 걱정이 없기 때문이다.

또한 평소 주위에 반발심을 초래하는 사람이나 질투당하는 사람들은 소문의 대상이 되기 쉽다. 소문의 내용이 바뀌는 것은 그것을 전하는 사람의 개인적인 감정이나 선입견, 편견 등이 영향을 주기 때문이다.

자신이 회사에서 소문의 대상이 되지 않으려면 우선 주위에 반발심을 초래하지 않도록 해야 한다. 그리고 평소 질투를 살 만한 발언이나 행동을 삼가도록 주의하는 수밖에 없다.

소문내기 좋아하는 동료는
적당히 피한다

사람은 왜 소문내기를 좋아할까?

미국의 심리학자 랠프 로스노우^{Ralph L. Rosnow}와 게리 앨런 파인^{Gary Alan} ^{Fine}은 다음과 같은 이유를 들었다.

첫 번째 이유는 소문이라는 정보를 통해서 그것을 제공하는 사람과 듣는 사람이 얻게 되는 대가 때문이다.

듣는 사람은 금전, 평판, 정보 공급을 조절할 수 있는 힘 등의 대가를 받고, 말하는 사람은 정보통이라는 우월감을 느낀다. "사실 이건 관계자만 아는 비밀 사항인데……" 하고 잘난 척하며 말하는 사람이 있다. 하지만 그다지 중요하지도 않은 것을 마치 중요하다는 듯한 태도를 보이며 말하는 데에는 자신을 중요 인물로 여기기 바라는 심리가 숨어 있다.

두 번째 이유는 스트레스 및 불안을 해소하기 위함이다.

가십을 굉장히 좋아하는 사람이 아니더라도 우리는 많든 적든 간에 다른 사람의 비밀을 엿보고 싶어 하는 욕구를 갖고 있다. 일종의 호기심이다. 이 호기심을 충족시키기 위해 스캔들은 화젯거리로서 안성맞춤이다.

나쁜 소문이나 험담은 평소 적대심을 가진 상대에 대한 간접적인 공격 반응의 일종이기도 하다. 많은 사람들이 평소 탐탁지 않게 여기는 상대를 간접적으로 공격해서 울분을 풀기도 하고, 성공한 사람들의 결점이나 불행에 관해 알게 될 때 쾌감을 느끼기도 한다.

세 번째 이유는 소문을 내서 집단 내부의 결속을 도모하기 위함이다.

"저런, 진짜야?"

"그런가 봐. 역시 그럴 것 같더라니."

이와 같이 의견 일치를 확인하기 위한 수단으로 이용된다.

공통 화제가 생기면 그것을 중심으로 해서 서로 커뮤니케이션을 도모할 수도 있다.

그런데 소문 등의 비밀을 털어놓을 때는 누군가가 "여기서만 하는 이야긴데……"라는 말로 시작하는 경우가 많다. 특히 다른 사람에게 들은 내용이 100% 사실인지 알 수 없는 이야기일수록 이런 식으로 미리 양해를 구할 때가 많다.

나중에 본인에게 알려진 경우, 자신이 소문을 퍼뜨렸다고 생각할까 봐 걱정해서이다. 당사자에게 책망이나 원망을 받기 싫다는 자기 방어적인 심리가 작용해서 애초에 그런 식으로 양해를 구해놓아야 안전하다고 생각하는 것이다.

또한 "여기서만 하는 이야긴데……"라는 말은 '너한테만 말하는 거야, 비밀을 지켜줄 거라고 믿으니까', '이 이야기가 퍼지면 네 탓이지, 내 책임은 없어'와 같은 책임 전가나 위협적인 내용을 내포한다.

반대로 말하면 "여기서만 하는 이야긴데……"라는 말은 상대방을 신뢰하므로 이야기한다는 것을 넌지시 알려주고 싶을 때 사용할 수 있다.

이야기를 들은 사람도 '내 입이 무겁다는 것을 믿으니까 나한테만 이야기해주는 거구나'라고 해석할 것이다.

'너한테만' 말해준다며 소문을 내는 사람은 '비밀'을 만드는 척해서 상대방과의 공동 의식을 높이고, 상대방을 믿기 때문에 이야기한다는 태도를 보이면서 자신이 신뢰를 얻고 싶다는 마음이 강한 사람이다.

근거 없이 적대심으로 가득 찬 소문은 듣지 않는 게 좋지만 적당히 흘려듣는 배짱도 필요하다. 이때 나쁜 소문을 본인에게 전하는 사람은 반드시 주의해야 한다.

"○○ 씨가 당신에 관해서 이렇게 말했어요."

"○○ 씨 무리가 이런 소문을 내던데 주의하는 게 좋겠네요."

이렇게 충고하러 오는 사람은 엉터리 소문에 일부러 편승해서 혼란을 야기하는 장본인이라고도 할 수 있다. 게다가 소문을 내는 사람들과 사이가 나쁜 줄 알았더니 반대로 그 무리와 친한 사람일 때도 있다. 이른바 스파이인데 자신이 트러블메이커라고 자각하지 못하는 사람도 있기 때문에 굉장히 성가시다.

이런 사람이 당신에게 접근하면 그 이야기를 그대로 받아들이지 말고 적당히 받아넘기는 것이 현명하다. 절대로 반격하는 말을 하면 안 된다. 만일 "그 사람도 이런 걸 하더라"고 말하면 그 즉시 상대방에게 이야기를 부풀려서 전하게 될 것이 뻔하다.

과감한 결단은
집단이 함께한다

지인으로부터 새로운 비즈니스를 함께 해보지 않겠냐는 권유를 받았다. 도전하고는 싶지만 성공할 확률이 반반이라서 위험도 크다.

이때 당신이라면 어떻게 하겠는가?

> A. '지금이 기회다!'라고 생각해서 도전한다.
>
> B. 도전하고 싶지만 위험을 고려해서 관둔다.
>
> C. 자신을 대신해서 다른 협력자를 소개하고 상황을 살핀다.

혼자서는 '좋은 아이디어지만 실행하기는 어렵다'고 생각하던 일도 집단이 한다면 '열심히 노력하면 달성할 수 있지 않을까?'라고 생각을 바꾸게 된다.

1950년대 무렵까지 비즈니스나 정부 조직 등의 집단은 위험하고 과격한 결정보다 안전한 결정을 내리는 경향이 강했다. 회의에서 논의를 거쳐 나온 결론은 최대한 위험을 피하려고 하는 경향이 있어서 개인의 의견과 비교하면 창조적이거나 혁신적이지 않았다고 한다. 하지만 지금은 다르다.

이에 대해 미국의 사회심리학자 제임스 스토너^{James Stoner}는 집단의 의사 결정은 개인보다 훨씬 극단적인 방향으로 치우치기 쉽다고 설명했다.

리스키 시프트^{risky shift}(모험 이행 – 역주) 현상은 '코건 월러치 타입'이라고도 불리는데 의사 결정 문제에서 특징적으로 볼 수 있다. 개인은 혼자 생각할 때보다 여럿이 함께 이야기해서 생각할 때 과감한 결단을 내리기 쉽다. 이러한 경향을 집단에서의 '리스키 시프트'라고 한다.

미국의 심리학자 월러치^{M. A. Wallach} 등은 스토너의 연구를 토대로 그 문제 사례를 들어 실험했다.

위험률이 높은 결정을 강요당할 때 사람들은 어떻게 행동할까? 개인적 의견과 집단의 의견을 서로 비교해보았다. 선택 사항으로 내놓은 문제의 일부는 다음과 같다.

❶ 현재 하고 있는 일로는 안정적인 수입을 얻을 수 있지만, 만족감과 성취감을 별로 느낄 수 없다. 한편 다른 일은 성취감과 보람, 또 높은 수입도 얻을 수 있을 것 같지만 불안정하다. 지금 하는 일을 관두고 이직할까?

❷ 어떤 사람이 중증 심장병을 앓고 있는데 어려운 대수술을 받지 않으면 생활에 지장이 생긴다. 수술에 성공하면 완치될 수 있지만 실패하면 목숨이 위험하다. 이 수술을 받을까?

❸ 게임에서 약간 지고 있는 상황일 때 확실히 무승부가 되는 방법을 취할까, 역전승을 노리고 죽이 되든 밥이 되든 승부를 겨룰까?

❹ 현재 의학부에 다니는 중이다. 좋아하는 음악의 길로 나가기 위해 대학을 관둘까?

각 항목의 성공률이 몇 퍼센트 정도라면 위험이 동반돼도 실행할 것인지 개인적으로 물어본 후 피험자를 포함한 6명을 한 집단으로 묶어 대화를 나눠서 만장일치로 의사 결정을 하도록 요구했다. 그런 다음 다시 개인의 의견을 물어봤더니 어떤 주제든지 개인이 내놓은 답보다 집단이 내놓은 답이 훨씬 더 과감했다는 것을 알 수 있었다.

집단이 함께 논의한 결과는 개인의 결론보다 이득이 많고 위험도 크다는 경향을 볼 수 있었다. 집단 안에서 이야기를 주고받는 동안 위험한

방향으로 치우쳐진 것이다.

　몇 주 후, 다시 개개인에게 같은 주제로 질문한 결과에서도 그룹이 함께 내놓은 답과 똑같은 선택을 했다고 한다.

　즉, 혼자서 생각한 결론보다 집단 안에서 서로 이야기해서 내놓은 결론이 위험률이 높았다.

　월러치의 실험 이후에 실시된 연구 보고에 의하면, 집단이 의사결정을 할 때는 '좀 더 위험한 방향'으로 결단을 하면서도 '안전한 방향'으로 결론을 내린다고 한다.

사람은 책임이 분산되면
노력하지 않게 된다

집단이 의사 결정을 할 경우에는 개인이 모든 일을 결정할 때보다 위험하고 매력적인 쪽을 선택하기 쉽다. 즉 투자자들이 위험은 높지만 수익 또한 큰 곳에 투자하는 현상을 일컫는 '하이 리스크 하이 리턴^{high risk high return}'이 일어나는 것이다. 도대체 왜 집단은 위험스러운 결론을 내리게 되는 것일까?

몇 가지 이유를 생각할 수 있다.

- 집단이면 책임 소재가 모호해져서 아무도 집단 결정에 관해 개인적으로 책임을 지지 않아도 된다(책임 분산).
- 집단의 인원수가 많으면 많을수록 책임은 더 분산되어서 자신이 한 선택이 잘못됐다고 해도 누가 책임을 질 것인지 모호해진다. 따라서 위험스러운 선택을 하기 쉽다.
- 다른 사람보다 더 뛰어나고 싶다는 마음이 있어서 집단이 대화할 때는 강경한 발언도 많아진다.

- 자신의 입장을 주장하기 위해 극단적인 의견을 말하기 쉽다.
- 리더 격인 사람이 회의를 이끌어갈 경우는 과감한 결론을 내리기 쉽다. 모험적인 선택을 하는 사람이 리더의 요소를 갖추고 있는 경우가 많기 때문이다.
- 사람은 자신의 의견이 옳다고 믿고 싶어 한다. 따라서 자신의 의견을 지지하는 사람의 말을 들어 주려고 하는 경향이 있어서 반대 의견은 들으려고 하지 않는다. 자신이 듣고 싶은 것만 듣는다.

어느 날 밤, 일을 마치고 집에 돌아오던 여성이 아파트 근처까지 와서 어떤 남자에게 습격당했다.

부근에 사는 주민 38명이 세 번에 걸쳐서 피해자의 비명소리를 들었음에도 불구하고 아무도 경찰에 신고하지 않았다.

왜 이런 일이 일어났을까?

자신의 문제가 아니면 책임지지 않아도 된다는 심리는 누구나 갖고 있다. 이 사건이 그 일례다.

1964년 뉴욕에서 실제로 일어난 사건으로, 당시 신문에서는 도시 사람들은 도덕성이 저하되어 냉담하다고 보도했다.

심리학자인 존 달리John Darley와 빕 라타네Bibb Latane는 다수의 목격자가 있었기 때문에 아무도 신고하지 않은 것이라고 주장하며 이것을 '방관자 효과'라고 이름 지었다.

이곳의 주민들은 많은 사람들이 비명소리를 들었다는 사실을 알았기 때문에 자신이 직접 신고하지 않아도 자기 책임은 아니며, 다른 누군가가 신고할 것이라고 믿었다.

만일 자신이 나중에 질책당하더라도, 그 장소에 많은 사람이 있었으므로 신고하지 않은 사람은 자기 혼자만이 아니라고 생각한다. 이러한 사건은 우리가 위험한 선택을 하지 않으려고 방관한 탓에 일어난 것이다.

이처럼 많은 사람이 집단으로 지낼 때는 개개인의 책임이 약해진다. 그래서 책임 분산이 일어나면 개인의 노력 수준이 저하되는 경향을 볼 수 있다고 한다.

어떤 사회 심리학자에 의한 줄다리기 실험에서도 집단이 되면 각자 줄을 당기는 힘이 떨어지는 것을 확실히 알 수 있었다.

이 책임 분산은 위기관리 면에서 문제가 되는데 '회사 내에서 아무도 하려고 하지 않는다', '아무 일도 하지 않는 것은 나만이 아니다'라고 느껴서 죄악감이나 불안감이 줄어든다고 생각할 수 있다.

한편 자기 혼자만 큰 선택을 강요당했을 때, 다른 사람에게 조언을 구하는 경우가 있다.

'독립한 뒤 창업해서 내 능력을 시험해보고 싶다!'

직장인이라면 한두 번쯤 생각하지 않는가? 새로운 사업이 성공한다는 보장도 없고, 현재 다니는 회사를 관두면 수입은 불안정해진다. 하지만 꿈도 버릴 수 없다. 성공하면 고수입도 얻을 수 있고 성취욕을 높일 수도 있다.

자, 당신이라면 어떻게 하겠는가?

그때 "독립하는 게 좋아", "독립할 거면 젊었을 때 하는 게 좋아", "일단 해봐!"라는 말을 들으면, '그래. 역시 지금이 기회야'라는 마음이 들게 될 것이다. 후원을 받은 듯해서 왠지 잘될 것 같은 기분마저 든다. 그러나 조언을 요구받은 사람은 남의 일이기 때문에 과감하게 말할 수도 있다. 이것이 자신의 인생을 좌우한다면 위험은 피하고 안전한 길을 택하는 사람도 분명 많을 것이다.

Chapter **3**

'착각'을 이용해서 상대방에게
YES를 이끌어낸다!

사람은 모든 일을
자신에게 유리한 쪽으로 본다

다음의 그림을 잘 보기 바란다.

두 테이블의 모양과 크기가 어떻게 보이는가?

또 두 테이블을 비교하면 어떤 점이 다른가?

이 그림은 미국의 인지 심리학자 로저 셰퍼드^{Roger N. Shepard}가 고안한 평행사변형의 착시 현상이다.

'두 테이블의 모양이 달라 보인다'고 하는 사람이 많을 테지만, 둘 다 똑같다는 것이 정답이다.

왼쪽 테이블은 오른쪽 테이블에 비해 세로가 길어 보인다. 테이블의 다리를 그려놓았기 때문에 안길이를 인지해서 세로가 길어 보이는 것이다.

그러나 도저히 같은 모양이라고 생각할 수가 없다. 보면 볼수록 왼쪽 평행사변형은 세로로 길고 오른쪽은 가로로 길기 때문이다.

이러한 착시 그림이 여러 가지 있는데, 인간의 눈은 정확한 듯하면서도 다양한 인지 구조에 따라 부정확하다는 것을 알 수 있다.

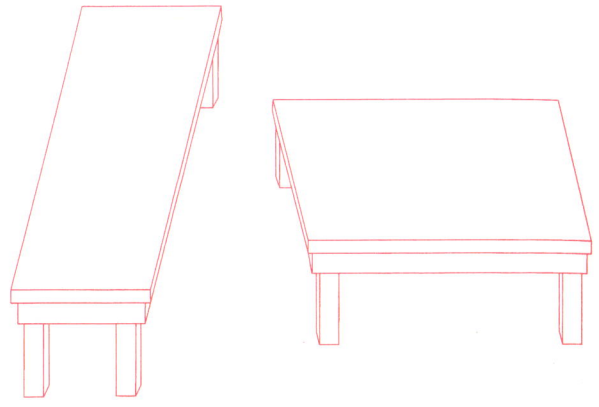

착각이라는 현상도 그중 하나다.

실제로는 길이가 다른 물건이 원근법에 의해 같은 길이로 보이거나 크기가 같은 물건이 다른 크기로 보이기도 한다. 색상이나 모양도 배경과 그리는 방법에 따라 착각이 일어난다.

인간은 눈이나 귀 등의 감각기관으로 외부 정보를 받아들이는데, 그 정보를 정확하게 기억하는 것은 아니다. 뇌에서는 다른 여러 가지 정보나 과거 경험 등에 의해 수정이 더해진다. 이러한 과정이 있기 때문에 평면에 그려진 그림이 입체적으로 보이기도 한다. 이것을 '진실한 지각 Veridical Perception'이라고 한다. 착각은 이 수정에 왜곡이 생기거나 잘못 지각한 것에서 비롯된다.

착각은 기억이나 정보를 받아들이는 방법이라고도 할 수 있다.

예컨대 사람은 자신에게 가치 있는 정보를 받아들이고 가치 없는 정보를 무시하거나 왜곡하기 십상이다.

매력적인 여성이 예의상 웃어준 것만으로 '나한테 마음이 있는 게 분명하다'고 착각하는 남성도 그 일례다. 한 번 그렇게 믿어버리면 상대방의 사소한 행동 전부가 자신에게 마음이 있다는 증거처럼 느끼게 된다.

또한 상대방도 분명히 자신에게 호감을 느낀다고 착각해서 상대방이 불쾌감을 표현하더라도 '마음을 끌려고 일부러 삐딱한 태도를 보인다'고 착각한다.

이렇듯 사람은 모든 일을 자신에게 유리한 쪽으로 해석하는데, 이러한 경향을 '자기 위주 편향'이라 부른다.

독설로 비판한 후에
칭찬하면 효과적이다

칭찬은 상대방을 기분 좋게 할 뿐만 아니라 자신이 유리한 입장에 서기 위한 수단이기도 하다. 남성이라면 '너그럽다', '리더십이 있다' 등과 같이 업무 능력을 칭찬받는 것을, 여성이라면 '멋쟁이', '센스 있다'와 같이 감각을 칭찬받는 것을 대체로 좋아한다.

어떤 사람이든지 타인에게 인정받고 싶다는 욕구를 항상 갖고 있다. 칭찬은 상대방의 자존심을 높이고 만족감을 준다. 또한 사람은 자신을 칭찬해주는 사람을 무조건적으로 좋아하는 경향이 있다.

하지만 칭찬이라도 형식적인 인사나 립서비스, 아부, 알랑거림, 환심을 사려는 행동 등은 단순한 비위 맞추기일 뿐이며, 상대방을 자신의 생각대로 움직이기 위해 이용하는 것이다.

그런데 늘 칭찬만 한다고 해서 상대방이 좋아하는 것은 아니다.

예를 들어 당신에 관한 소문을 들었다고 하자.

당신이라면 다음의 말투를 각각 어떻게 느끼겠는가? 또 가장 호감이 느껴지는 말과 불쾌하게 느껴지는 말은 어느 것인가?

A. "○○ 씨는 친절하고 너그러운 데에다 배려심도 깊은 사람이군요."

B. "○○ 씨는 우유부단하고 사소한 일에 목숨을 걸어요. 뭐든지 적당히 한다는 느낌이 듭니다."

C. "○○ 씨는 조금 엉성한 부분이 있지만 너그러운 성격이라서 함께 있으면 안심이 됩니다."

D. "○○ 씨는 너그럽지만 전혀 믿음직스럽지 못해요."

미국의 심리학자 엘리엇 아론슨Elliot Aronson과 대럴 린더D. E. Linder는 우연히 자신에 관한 소문을 들으면 어떤 인상을 갖게 되는지 조사하기 위해 네 그룹에게 각각 다음과 같은 방법으로 소문을 내게 하는 실험을 실시했다.

❶ 칭찬만 하는 그룹

❷ 헐뜯기만 하는 그룹

❸ 헐뜯은 후에 칭찬하는 그룹

❹ 칭찬한 후에 헐뜯는 그룹

그 결과 칭찬만 하는 그룹 ①보다 헐뜯은 후에 칭찬하는 그룹 ③에 호감을 느낀 사람이 많았고, 반대로 헐뜯기만 하는 그룹 ②보다 칭찬한 후에 헐뜯는 그룹 ④에 가장 나쁜 인상을 느낀 사람이 많았다고 한다.

하나부터 열까지 칭찬만 받아야 좋은 것처럼 느끼기 쉬운데, 시종일관 칭찬받으면 아부하는 느낌이 들어서 그다지 좋은 인상을 받지 못한다.

그에 비해 험담을 들은 후에 칭찬받으면 이야기에 객관성이 느껴져서 진실성이 있어 보인다. 단점도 알고 있을뿐더러 장점도 제대로 봐준다고 생각해서 호감을 갖는다.

또한 헐뜯기만 하는 사람이 가장 나쁜 인상을 줄 것 같지만, 칭찬한 후에 험담을 들으면 기분이 최고에서 최악으로 급변하기 때문에 인상이 훨씬 더 나쁘다. 이것은 마지막에 보고 들은 것이 인상에 남기 쉽다는 사실과도 관계가 있다.

이렇듯 처음에는 장점에 관한 말을 삼가고 서서히 칭찬 수위를 높여가는 편이 무조건 칭찬하는 것보다 훨씬 호감을 느끼게 하기 쉽다.

호감 있는 사람을 칭찬할 때는 무조건 칭찬하지 말고 마지막을 칭찬으로 끝내면 그 마지막 한마디가 인상에 깊게 남아서 상대방에게도 '좋아한다'는 감정이 싹틀 수 있다.

이 방법은 상사를 칭찬할 때도 효과적이다. 일을 잘하는 사람일수록

아부나 속 보이는 빈말은 금세 알아차린다. 상대방이 신중한 성격이라면,

"○○ 과장님과는 생각이 다를 때도 있지만 추진력이 있어서 존경합니다."

"○○ 과장님은 부하 직원에게 엄격해 보이지만 무심한 척하며 잘 도와주십니다."

라고 독설 한마디로 비판한 후에 칭찬하면 좋다.

최대한 구체적인 내용을 시원스럽게 말하면 상대방은 '평소에 나를 잘 관찰하고 있구나'라고 생각해서 서로의 심리적 거리도 줄어든다.

간접적으로 칭찬을 전달하면
자신에 대한 평판이 좋아진다

다음 중 여성의 호감도가 가장 높은 기혼 남성은 누구일까?

A. 아내를 칭찬한다: '착한 여자', '훌륭한 아내'라고 이야기한다.

B. 아내를 헐뜯는다: '집안일을 대충 한다', '차갑다' 등

C. 아내에 관해 전혀 이야기하지 않는다.

정답은 A다. 바람기가 다분한 남성은 대체로 B처럼 아내를 나쁘게 말해서 여성을 안심시키고 동정을 사려고 한다. '아내와 사이가 좋지 않다'는 말로 변명하지만 사실은 그 반대다. 가족을 나쁘게 말하면 말할수록 평판도 떨어진다.

A처럼 아내를 칭찬하면 상대방도 같은 여성이기에 흥미 없어 할 것이라고 생각하기 쉽다. 하지만 아내가 착하고 훌륭한 여성이라고 하면 사람들은 그런 좋은 여자를 사로잡을 정도니 A는 그에 어울리는 매력을 지닌 남성일 것이라고 생각한다.

〈미녀와 야수〉라는 영화처럼 현실에서도 외모가 출중한 사람이 못생긴 이성과 커플을 이루는 경우가 많다. 그러나 주위 사람들은 빈말로라도 '외모가 뛰어나다고 할 수는 없지만 경제력이 있거나 성격이 좋거나 뭔가 장점이 있으니까 사귈 것이다', '서로 조화를 이루고 있다'고 여긴다. 이것을 '매칭matching 효과'라고 한다.

또한 여성들은 아내를 칭찬하는 남성은 집에서도 다정한 남편일 것이라고 해석한다.

집에서 아내를 소중히 한다면 다른 여성에게도 친절하고 소중히 대해줄 것이라고 생각하기 때문이다.

그에 비해 뒤에서 아내를 헐뜯으며 욕만 하는 남성 B를 보고 사람들은 그 역시 못난 아내에 어울리는 못난 남편이라고 판단한다. 또 얼굴을 마주 보고 아내에게 하고 싶은 말을 하지 못하는 사람이라는 나쁜 인상을 가지며, 아내를 소홀히 대할 정도니 다른 여성들도 똑같이 취급할 것이라고 생각한다.

C처럼 아내와 가정에 관해 전혀 이야기하지 않으면 신기하게 느껴지는 만큼 여성의 흥미를 불러일으키는 요소는 될 수 있겠지만, 감정이 메말라 보이고 가정에서 보이는 모습과 밖에서 보이는 모습이 달라 여성이 훈훈함이나 안도감을 느낄 수는 없다.

그런데 사람을 칭찬할 때 최상급 기술은 '간접적으로 칭찬하기'다.

"○○○ 씨가 너를 칭찬하더라."

"당신 덕분에 살았다고 과장님이 칭찬하셨어요."

이렇게 제3자가 칭찬했다는 듯이 이야기를 해보자.

자신이 직접 호의를 전하는 것보다 제3자에게 칭찬을 전해 듣는 편이

매우 효과적이다. 이는 제3자의 말을 통하면 신빙성을 느낄 수 있기 때문이다.

이와 같이 간접적으로 칭찬해야 심리적 효과가 높다는 것을 '윈저 Windsor 효과'라고 한다. 간접적인 칭찬은 칭찬한 사람뿐만 아니라 그 칭찬을 전하러 온 사람도 칭찬받은 사람에게 호감을 느끼게 한다. 반대로 험담을 본인에게 전하는 사람은 험담한 사람보다 더 신용을 잃는다. 이와 마찬가지로 간접적으로 전하는 것이라도 좋은 말과 나쁜 말은 엄청난 차이가 난다. 다른 사람을 칭찬해서 자신의 생각을 전하고 싶다면 꼭 이 '윈저 효과'를 노리고 제3자에게 전언을 부탁해보자.

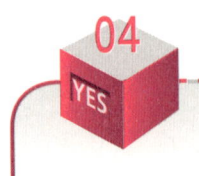

최강의 설득 문구
'너뿐이야'

상대방이 상의할 일이나 비밀 등을 숨김없이 이야기할 때 "너 말고는 부탁할 사람이 없어", "너니까 특별히 말하는데……"라는 식의 말을 종종 듣는다. 첫마디에 '너뿐이야'라는 말을 붙이는 것은 '너는 특별하다'는 신뢰감을 나타낸다. 그 말을 들은 사람은 상대방이 자신에게만 숨김없이 이야기한다는 생각에 기분이 좋아져서 자신을 믿어준 상대에게 호의와 신뢰를 보인다.

오스트리아의 정신분석학자이자 정신과 의사인 프로이트 Sigmund Freud 는 "사람은 누구나 자신을 가장 중요한 인물이라고 여긴다"고 말했다.

'내 자신이 싫다'고 말하는 사람이라도 자신이 '중요한 존재'라고 생각하며, '나 따위는 평범한 인간이다'라고 겸손하게 말하는 사람 역시 마음속으로는 '나는 다른 사람들과 다르다', '나는 특별한 인간이다'라고 생각한다.

이를테면 몇 번 간 적이 있는 음식점에서 그저 '손님'이라고 부르는 것보다 자신의 이름을 기억해주면 기분이 좋고, "○○ 씨는 특별하니까

한 접시 서비스로 드릴게요"라고 하면 자신만 우대받는 것처럼 느껴져서 기쁠 것이다.

이렇듯 상대방이 누구든 간에 자신의 존재를 인정해주면 기분이 좋고, 자신에게 호감을 보이는 상대에게 호의를 느낀다. 더구나 특별대우를 받았다고 느끼면 기분이 썩 나쁘지는 않다. 연애 감정까지는 생기지 않더라도 상대방에게 관심을 갖고 뭔가 상담에 응해주거나 도와주려고 하는 마음이 들 것이다.

반대로 사람은 자신의 존재를 부정당하거나 낮은 평가를 받는 것을 좋아하지 않는다.

"너니까 이야기하는데……", "너니까 부탁한다"는 말은 내용을 듣기도 전에 상대방의 마음에 완전히 동화되는 요소를 갖고 있다.

이 '너뿐이야 효과'는 데이트를 신청할 때도 큰 위력을 발휘한다.

"이런 이벤트를 한다는군요. ○○ 씨와 함께 가고 싶습니다."

"이 영화는 ○○ 씨와 보러 가고 싶군요."

상대방은 다른 많은 여성 중에서 자신을 선택했다고 기뻐할 것이다. 또한 데이트 신청을 받는 여성도 흔쾌히 승낙하기보다는 "보통 다른 사람들이 데이트를 신청해도 쉽게 응하지는 않는데 당신이라면 좋아요"라고 해야 남성도 기분이 좋아져서 상대방에 대한 호감도가 올라간다.

뭔가에 관해 상의할 경우에도 "다들 이렇게 말하는데 자네는 어떻게 생각하나?"라고 하기보다,

"사실은 자네니까 이야기하는데……"

"당신한테만 털어놓는 건데……"

이런 식으로 말하면 자존심을 북돋아줘서 상대방이 만족을 느낀다.

회의 중에 '자네(당신)에게만'이라는 단어를 붙이기만 해도 상대방은 적극적으로 행동할 것이다. 특별 취급은 상대방을 가장 기쁘게 해서 큰 호감을 얻을 수 있다. 어떤 사람이든지 '너만은 특별하다'는 어감에 약하므로 특별 취급을 받으면 무방비하게 받아들이는 경향이 있다.

'너뿐이야'라는 말은 최강의 설득 문구라고도 할 수 있다. 어떻게든 자신을 바라보게 만들고 싶은 사람에게는 이 말을 사용하지 않을 수 없을 것이다.

싫은 상사의 결점을
고쳐주는 굉장한 기술

무역회사에 근무하는 K코 씨가 이런 상담을 했다.

그녀의 상사는 윗사람의 눈치를 살피기만 하고 부하 직원을 위해서는 전혀 움직이지 않는 사람이라고 한다.

어느 날, 여사원들이 일지 담당제를 폐지하는 것에 관해 그룹 미팅을 해서 의견을 나눠보니 일손이 부족한 데다가 업무 효율이 떨어진다는 이유로 전원이 폐지에 찬성했다고 한다.

그래서 즉시 상사에게 보고했더니 "특별히 바꿀 필요는 없지 않나?"라고 한마디 했단다.

시스템 내용을 바꿀 때도 이 상사가 제안에 제동을 건 적이 있었다고 한다. 변화를 싫어하고, 봉건적이며, 융통성이 없는 완고한 타입이라서 이 상사의 방식을 따르면 효율이 굉장히 떨어진다고 K코 씨는 말했다.

과연 이 상사를 움직이게 하려면 어떤 방법이 좋을까?

사람은 저마다 자기상(셀프 이미지)을 갖고 있다.

자기상에는 현실적인 상, 이상적인 상, 의식적인 상 등이 있으며 우리는 무의식중에도 이상적인 자기상의 기준에 잘 맞는지 확인한다.

하지만 자신의 단점이나 결점은 머리로는 이해해도 좀처럼 고칠 수 없다. 스스로 알고 있는 만큼 다른 사람이 그 결점을 지적하면 불쾌해지거나 주눅이 들기도 한다. 자존심이 센 사람일수록 단점을 조금이라도 지적당하면 격분하는 경향이 있다.

확실하게 하고 싶은 말은 굉장히 많지만 표현에 따라서는,

"너한테 그런 말 듣고 싶지 않아."

"그런 너는 얼마나 잘나서 그래?"

이런 말을 들을 정도로 상대방에게 반감이나 원한을 사게 될 수도 있다.

그럴 때는 '다른 사람의 소문'을 응용하면 좋다.

예를 들어 상사가 성격이 급해서 쉽게 화내는 점을 고쳤으면 좋겠다고 하자.

"그렇게 사소한 일로 화내지 마세요"라고 직접적으로 말하면 혼날 게 뻔하므로 이럴 때는 다른 상사를 예로 들어야 효과적이다.

"총무부의 ○○ 과장님은 스스럼없는 성격이지만 성질이 굉장히 급해서 주위 사람들이 좀 힘든가 봐요. 서류만 안 보여도 큰 소리로 화를 내서 모두 벌벌 떤다고 하더라고요. 그런 점으로 보면 우리는 부장님이 온화한 분이셔서 참 다행이에요."

지나치게 과장하면 비아냥거리는 투로 들리므로 잡담하는 김에 말하는 느낌으로 슬쩍 말하는 것이 중요하다.

같은 관리직이라면 경쟁의식을 갖고 있을 것이므로 다른 과의 상사를 나쁘게 말하면 '욕'으로 들릴 뿐이다. 그렇다고 칭찬만 해서는 듣는

사람이 달가워하지 않는다. 장점과 단점을 아울러 언급하면서 좋은 점도 있지만 이런 면에서 다른 사람들이 힘들어 한다고 표현해보자.

그렇게 하면 다른 사람의 이야기라고 생각하며 듣기 때문에 상사는 자존심에 상처 입는 일 없이 '그렇구나. 나도 그런 점이 있을 수 있으니 조심해야지'라고 느끼게 된다.

어떤 사람이든지 자신이 손해를 보는 행동은 하지 않는다. 평소에 좋은 자기상을 갖고 싶어 하는 사람일수록 이 말은 머릿속에 남을 것이다. 좋은 인상을 망치면 자신만 손해라고 생각하기 때문이다.

상대방의 이야기에 동의하면
호감을 갖게 할 수 있다

회사에서 동기는 좋은 경쟁 상대이자 좋은 이해자이다.

다음과 같이 푸념할 수 있는 것도 동기가 회사 내의 분위기를 잘 알고 있기에 가능한 것이다.

A : "일하다가 실수해서 아까 과장님한테 혼났어."

B : "그래? 혼났어?"

A : "좀 더 제대로 확인했어야 했는데, 자세한 부분까지 보질 않았거든."

B : "맞아, 자세한 부분이 중요하지."

A : "좀 더 신중해야 하는데, 역시 사람마다 잘하는 일이 있고 못하는 일이
　　 있나 봐. 나는 천성이 게을러서 힘들어."

B : "그렇구나. 꽤 힘들겠다."

상대방의 말을 그때마다 반복하는 것은 상담 등에서 자주 이용하는 기술이다. 상대방의 이야기를 막거나 참견하지 않고 "응, 그래"라며 고

개를 끄덕이거나 상대방이 한 말을 반복하면 말하는 사람은 안심하고 이야기를 계속할 수 있다. 이 기술은 말하는 사람의 불안이나 경계심을 없애서 마음을 열게 하고 이야기를 이끌어내는 효과가 있다.

그럼 어떻게 말해야 상대방의 기분이 좋아질까?

또 어떤 이야기를 꺼내야 자신의 말에 수긍해줄까?

사람은 불안에 사로잡혔을 때 누군가가 이야기를 들어 주기 원한다. 누군가와 함께 있고 싶은 마음을 '친화 욕구'라고 부르는데, 불안할 때 함께 있어준 사람에게는 호의와 신뢰를 보이는 경향이 있다.

미국의 심리학자 대니얼 샥터^{Daniel L. Schacter}는 여대생을 두 그룹으로 나눠서 전기 충격 장치 효과를 테스트하는 실험에 협력을 의뢰했다. A그룹 학생에게는 전기 장치를 보여준 뒤 "감전될 가능성은 없지만 불쾌하고 고통을 줄 수도 있습니다"라고 설명하고, B그룹 학생에게는 장치를 보여주지 않고 "전기 충격 정도는 가벼워서 고통을 느끼는 일은 없습니다. 간지러운 느낌이 들 정도일 겁니다"라고 이야기했다. 그리고 두 그룹 모두 10분 정도 다른 방에서 기다리라고 한 뒤 다음의 세 가지 선택지를 제시했다.

❶ 혼자서 기다린다
❷ 다른 학생들과 함께 큰 방에서 기다린다
❸ 아무래도 상관없다

전기 충격은 꾸며낸 이야기로, 학생들이 세 가지 조건 중 어느 것을 선택했는지 알게 된 시점에서 실험은 끝났다.

그 결과 여대생의 약 60%가 다른 학생과 같은 방을 희망했다고 한다. 또한 장치를 본 학생들이 큰 방을 선택한 비율은 설명을 듣기만 한 학생의 약 2배나 됐다. 게다가 함께 있던 상대에게 호의를 느낀 사람이 많았다.

이처럼 사람은 큰 고민이 있거나 극심한 고독에 빠지면 친화 욕구가 높아져서 함께 있던 상대와의 일체감이 강해진다.

또 사람은 자기 자신을 호의적으로 생각하는 경향이 있다. 따라서 자신과 비슷하거나 같은 의견을 가진 상대에게도 호의를 느낀다.

상대방의 마음을 움직이려면 먼저 상대방에게 호감을 얻어야 한다. 상대방의 마음에 들기 위해 자기 어필만 해봤자 상대방은 지루하게 느낄 뿐이다. 그것보다 상대방과의 공통점을 하나라도 더 많이 찾거나 상대방의 이야기에 동의하는 편이 호감을 갖게 할 가능성이 높다. "그래, 맞아"라는 말을 반복하고 "나도 그래", "나도 그런 적이 있어"라고 동의하면 상대방은 안심한다.

이는 동병상련 심리 효과라고도 할 수 있는데, 사람들은 자기 혼자만 고민하는 것이 아니라 다른 사람도 똑같은 고민을 한다는 사실을 알기만 해도 안심한다.

상대방이 괴로워하거나 불안해할 때 이야기를 듣는 입장이 되어 동의해주기만 해도 당신에 대한 호감도와 신뢰도는 한층 높아질 것이다.

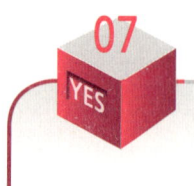

금지당하면
원하게 된다

'절대로 보면 안 돼!'라고 하면 왠지 모르게 더 보고 싶어지는 심리가 작용한다. 강력하게 금지당할수록 오히려 그것을 원하게 되는 것이다.

당신이 남성이라면 좋아하는 여성이 쌀쌀맞은 태도를 보였을 때 상대가 훨씬 더 매력적으로 보인 적은 없는가?

미국 보스턴에서 〈칼리굴라〉라는 신작 영화가 일시적으로 상영 금지된 적이 있었다. 폭군으로 악명 높은 로마 황제 칼리굴라의 잔학한 모습을 그린 영화로, 폭력과 섹스 장면이 너무나도 생생하다는 이유로 금지됐는데, 그 뉴스가 전해지자 인근 보스턴에서 도시까지 가서 영화를 보고 오는 사람이 속출했다고 한다. 이 현상으로 금지당하면 오히려 더 궁금해하는 인간의 심리 효과를 '칼리굴라 효과'라고 부르게 되었다.

미국의 심리학자 애쉬모어는 이 칼리굴라 효과를 실험으로 증명했다. 그는 실험을 통해 눈으로 보거나 안에 들어가거나 참가하는 것을 금지해야 오히려 사람들의 호기심을 부추기는 효과가 있다는 사실을 알았다. 사람들은 금지당한 것을 더 '가치가 있다'고 느꼈다.

이것은 사람을 움직이는 방법으로 응용할 수 있다.

이를테면 눈앞에 A와 B라는 버튼이 있다고 하자. 'A 버튼은 눌러도 되지만, B는 절대로 누르면 안 된다'고 하면 반대로 B 버튼을 누르고 싶어지지 않는가? '하면 안 된다'는 의식이 강력하게 작용하여 그것이 오히려 행동으로 나타나는 것이다.

심술쟁이에게는 "억지로 안 해도 돼"라며 일부러 금지해야 행동할 가능성이 높아질 수도 있다.

또 하나, 사람에게는 무서운 것을 보고 싶어 하는 심리가 있다.

캐나다의 심리학자 도널드 헵Donald Hebb은 침팬지를 이용해서 다음과 같은 실험을 실시했다.

침팬지의 머리만 있는 박제를 다른 침팬지들에게 보여주면 어떤 반응을 보이는지 관찰했더니 청년기의 침팬지들은 박제를 보자마자 혼란스러워하며 그 자리에서 도망쳤다고 한다.

그에 비해 아기나 어린 침팬지는 공포심을 보이지 않았다고 한다. 무서워하면서도 호기심이 더 크게 작용했기 때문에 겁을 내면서도 가까이 다가가서 만져보려고 했다.

이렇듯 같은 대상물을 앞에 두고도 연령별로 반응이 달랐다.

도널드 헵의 말에 의하면 사람도 침팬지와 같아서 낯익은 대상에는 안심하는 반면 싫증을 느낀다고 한다. 한편, 본 적이 없고 현실과 너무 동떨어진 대상에는 불안과 공포를 느끼며, 그 중간에 속하는 대상에는 호기심을 갖게 된다고 한다.

한때 공포 영화가 유행했는데 여기에는 확실히 무서운 것을 보고 싶어 하는 심리가 작용했다. 사람들은 안정된 생활을 하고 있지만 지루한

일상에 자극을 주고 싶고 놀랍거나 두려운 일을 경험하고 싶어 한 것이다. 게다가 실생활과 달리 영화는 창작물이므로 안심하고 볼 수 있다는 면도 일조했다.

　아무튼 금지물이나 공포물에 마음이 끌리는 것은 인간의 호기심에서 비롯된다. 따라서 상대방의 흥미를 끌려면 일부러 만나지 않는다거나 예상 밖의 일을 한다거나 과감한 방법을 써서 상대방을 불안하고 초조하게 만드는 방법이 효과적이다.

08

YES

상대방이 관심을 보이면
결론은 나중에 말해야 인상에 남는다

다음의 A와 B 중 당신의 말투는 어느 쪽에 가까운가?

또 다른 사람의 이야기를 들을 때 어느 쪽이 듣기 쉬운가?

A. "잘 지내시는 듯하네요. 일이 바빠 보이십니다. (중략) …… 그런 이유로
○○는 어떠십니까?"

B. "○○를 추천합니다. 왜냐하면……"

설득 방법 중에는 '클라이맥스법'과 '안티클라이맥스법'이라는 것이
있다.

A처럼 결론을 나중에 말하는 것을 '클라이맥스법'이라고 하며, B처럼
결론을 먼저 말하는 것을 '안티클라이맥스법'이라고 한다.

'클라이맥스법'은 초반에 잡담처럼 사소한 화젯거리부터 말하기 시
작해서 분위기가 고조된 상태에서 마지막에 가장 중요하고 정말로 하고
싶은 말을 하는 것이다.

보고서 등에서 데이터나 이론을 기재한 뒤 마지막 페이지에 '따라서 ○○는 △△다.'라고 결론을 적듯이 이야기의 마지막에 하고 싶은 말을 주장하는 방법이다. 마지막에 이야기의 분위기를 고조시켜서 듣는 사람에게 여운을 남기는 고전적인 방법이라고 할 수 있다.

한편 '안티클라이맥스법'은 처음에 결론을 말하고 그다음에 이유를 설명하는 방법이다. 이야기를 시작할 때 하고 싶은 말부터 주장하는 방법이라고 할 수 있다.

만일 상대방이 이야기의 내용에 관심을 보이거나 이야기를 들으려는 마음이 있어 보일 때는 '클라이맥스법'이 효과적이다.

마지막에 들은 말은 사람의 인상에 가장 남기 쉽다. 그래서 회의 등에서 출석한 사람의 관심이 높을 때는 논의 분위기를 서서히 고조시켜서 마지막에 강력하게 주장하면 큰 영향을 줄 수 있다. 그런 다음 마지막에 결론을 말하면 상대방이 의견을 쉽게 받아들인다. 이 방법은 이미 처음부터 상대방이 그 이야기에 큰 관심을 보일 경우에 큰 힘을 발휘한다.

한편 상대방이 이야기에 관심을 별로 보이지 않거나 들으려는 마음이 없어 보일 때는 '안티클라이맥스법'이 효과적이다.

처음에 가장 중요한 이야기를 하고 그다음에 아무래도 상관없는 내용을 말한다. 처음에 하고 싶은 말을 해서 상대가 전혀 내켜하지 않는 것을 알면 이야기를 빨리 일단락 지을 수도 있다.

상사에게 업무 보고를 하거나 시간이 한정되어 있어 짧은 시간 안에 회의를 마쳐야 할 경우 효과적이다. 상대는 그다지 흥미가 없을 경우, 서론이 길면 이야기하는 도중에 싫증을 낼 것이다.

사람마다 선호하는 방법이 다르지만 일본인은 서론이 길다는 점에서

'클라이맥스법'을 선호하는 사람이 많을 수 있다. 갑자기 결론부터 말하는 것보다 사소한 화젯거리나 상대방에 관한 이야기부터 시작해서 상대방의 기분이 좋아졌을 때 조용히 이야기의 분위기를 고조시키는 것을 좋아한다.

한편 '안티클라이맥스법'을 선호하는 사람은 논리적이고 합리적인 사고를 하는 사람이 많아서 서론이 길거나 빙 둘러 말하는 것을 싫어한다. 그들은 언제까지 이야기가 계속되고, 또 어디서 본론이 시작될지 모르는 상태에 짜증을 낸다.

일반적으로 '클라이맥스법'을 이용해서 말하는 사람은 상대방이 자신에게 말할 때도 똑같은 방식으로 말하는 것을 좋아한다. '안티클라이맥스법'을 이용해서 말하는 사람은 결론이나 조건에 관한 이야기를 뒤로 미루고 서론을 장황하게 늘어놓으면 분명히 싫증을 낼 것이다. 나중에 불리한 조건을 내놓으려고 좀처럼 본론을 말하지 않는 게 아닐까 의심하는 사람도 있다.

그러므로 이야기를 하기 전에 반드시 상대방의 취향을 확인한 뒤 그에 맞는 방법을 구분해서 이용하도록 하자.

상대방의 성격에 맞춰서
설득을 맞춘다

당신은 서론부터 말하는가, 아니면 결론부터 말하는가?

또 '이것은 이렇다'고 내린 결론을 쉽게 듣는 경우가 많은가, 아니면 이야기를 중간까지 듣다가 스스로 결론을 내리는 경우가 많은가?

'클라이맥스법'과 '안티클라이맥스법'에 관해서는 앞에서 이미 설명했는데, 이 두 가지 방법에는 각각 약점이 있다.

예를 들어 '클라이맥스법'으로 서론을 말한 뒤 신중하게 조금씩 분위기를 고조시켜서 결론을 말하려고 했더니, 시간이 다 돼서 상대방이 자리를 뜨거나 도중에 전혀 다른 화제로 바뀌는 경우가 많다.

'안티클라이맥스법'을 이용했을 때는 처음에 말한 결론을 상대방이 탐탁지 않게 여길 경우, 그 후에 설득하는 것마저 들어 주지 않을 우려가 있다. 또 처음에 결론을 말하고 그 이유를 설명해도 이야기가 잘 정리되지 않으면 상대방은 어떤 이야기가 중요하고 설득자가 무슨 말을 가장 하고 싶은지 파악하지 못하는 경우도 있다.

이럴 때는 '다시 한 번 반복하는데……'라는 말을 덧붙이면 좋다.

처음에 자기가 주장하고 싶은 말을 하고, 그다음에 순서대로 이유를 설명한다. 마지막에 "다시 한 번 반복하는데……"라고 말하며 처음의 결론으로 돌아가서 자신이 하고 싶은 말을 주장하는 것이다.

신문 기사에서는 큰 제목으로 독자의 관심을 불러 모은 뒤, 소제목으로 중요한 점을 알리며 본문에서 자세한 정보를 제공한다. 독자는 제목을 보면서 자신의 흥미를 끈 기사부터 먼저 읽는데, 이런 식으로 기사를 읽는 동안 정보가 반복적으로 기억에 새겨지거나 군데군데에서 이야기가 정리되는 효과도 있다.

한편 '클라이맥스법'을 이용하면 어떨까? 결론을 뒤로 미루고 마지막에 '그래서 이렇다'고 설명할 경우, 그것이 상대방을 설득해야 하는 내용이라면 달갑지 않은 인상을 줄 때도 있다.

그럴 때는 '클라이맥스법'을 이용하면서 선택지를 내놓으면 좋다.

"A를 우선시하는 경우에는 이렇게 됩니다. B의 경우에는……" 이렇게 두 가지 예를 든 다음, "물론 회사마다 방침이 다르고, 결정은 그쪽에서 하시는 겁니다"와 같은 식으로 말하는 것이다.

"자네는 어떻게 생각하는가?"라고 상사가 판단을 요구하면,

"글쎄요. 제가 ○○ 부장님 입장이라고 가정했을 때의 이야기지만"이라는 말로 양해를 구한 뒤, "A를 선택하겠습니다. 그 이유는……"이라고 말하며 자신이 이끌어가고 싶은 방향으로 상대방을 끌어당긴다.

"이 업계에서는 이렇게 사용하는 분들도 많습니다"라고 정보를 주는 것도 좋은 방법이다. "이렇게 하십시오"라고 말하는 대신에 "이 방법도 있습니다"라고 말해야 상대방은 자신에게 선택의 자유가 있는 것처럼 느끼게 된다.

또한 두 가지 안건을 제시한 뒤 "어느 한쪽을 선택하십시오"라고 하지 말고 "어느 쪽이 좋다고 생각하십니까?"라고 질문하면서 상담하는 자세를 취해도 좋다.

아무튼 어떤 사람에게나 같은 설득 방법이 통하는 것은 아니다.

매사를 이성적으로 생각하는 사람에게는 조리 있게 설명해야 쉽게 이해할 수 있다. 한편 감정적으로 사고를 하는 사람에게는 감정적으로 전달해야 효과적이다.

세일즈맨이라면 고객이
직접 선택했다고 느끼게 해라

신입 세일즈맨은 처음부터 상대방을 대신해서 결론을 내리려고 하는 행동을 하기 쉽다.

"우리 회사에서 취급하는 상품 A는 다른 회사 상품보다 기능이 뛰어납니다. (중략) 그렇기 때문에 A가 좋습니다. 우리 회사와 거래하는 모 기업에서도 A를 선택해서 매출이 좋거든요"라는 식으로 말한다.

"이 상품이 좋습니다."

"A로 하시는 편이 좋습니다."

이런 말을 들으면 상대방은 강요당하는 기분이 든다. 어떤 사람이든지 최종 결정은 스스로 생각한 후에 내리고 싶어 한다. 추천하는 정도라면 괜찮은데, "그래서 이렇습니다", "이걸로 결정하세요"라고 하면 억지로 설득하는 듯해서 기분이 나쁘다. 무슨 말인지 이해하지 못한 데다 원하지도 않는 상품이라면 'NO'라고 거절하는 사람이 많을 것이다.

그럴 때는 "그 상품에 관해서 어떻게 생각하십니까?", "이런 방법도 있습니다"라고 상대방에게 의견을 바라는 식으로 말하면 좋다. 자유로운 선택권을 부여해서 상대방이 이해한 뒤 스스로 선택했다고 생각하게 하는 방법이 효과적이다.

또한 결론을 말하는 방법과 굳이 결론을 말하지 않는 방법이 있다. 이유를 설명한 뒤 "그래서 이 상품이 가장 좋습니다"라고 하는 것과 "설명은 다 드렸는데 어떠십니까?"라고 하는 것은 듣는 느낌이 다르다.

전자와 같이 이유를 설명한 뒤에 명확한 결론을 내려서 설득하는 방법을 '명시적 설득', 결론을 말하지 않고 설득하는 방법을 '암시적 설득'이라고 한다.

미국의 심리학자 칼 호블랜드Carl Iver Hovland와 월리스 맨델Wallace Mandell이 실시한 실험이 있다.

학생들을 A와 B 두 그룹으로 나눠서 '달러 환율을 인하해야 한다'는 주제의 문서를 읽게 했다. A 그룹에는 달러 환율을 내린 경우의 장점에 관해서만 설명한 문서를 주고, B 그룹에는 A 그룹의 문서와 내용은 같지만 이유를 덧붙여서 '그래서 달러 환율을 인하해야 한다'고 결론을 분명하게 밝힌 문서를 줬다.

그 결과 달러 환율 인하에 찬성한 사람 수는 B 그룹이 A 그룹보다 두 배나 많았다. 이 실험에서는 결론을 명시한 그룹이 설득 효과가 높았으나, 결론까지 정한 문서에 설득을 강요한다고 느끼는 사람도 더러 있었다.

특히 논리사고형인 사람이나 자기 나름의 주장을 세워 논리적인 사고를 거듭한 후에 판단하는 사람은 다른 사람의 주장을 강요받는 것을 싫어한다. 스스로 판단하는 유형인 사람에게는 장점을 설명하는 것에만 그치고 결론은 상대방에게 요구하는 식으로 말하는 것이 좋다.

그에 비해 동조형인 사람은 명확한 결론을 내려야 설득당하기 쉬운 경우가 많다. 대다수의 의견을 존중하므로 누군가가 강력히 추천하면 설득당하고 싶은 마음이 들게 된다.

이 유형의 사람에게는 이유를 설명한 뒤 결론을 말해서 그에 대한 답변을 듣는 것이 좋다.

이 방법 역시 읽는 사람이나 듣는 사람 하기 나름이다. 상대방의 유형이나 관심도에 맞게 대응 방법을 바꿔야 한다.

평소에 주위 사람들의 대화를 듣고 어떤 방법을 취했을 때 'NO'에서 'YES'로 바뀌는지 잘 관찰해두면 좋을 것이다.

Chapter **4**

상대방을 '동요'하게 만들어
YES를 이끌어낸다!

'위광(威光) 효과'를 사용하면
거래는 순조롭게 진행된다

상대방을 처음 만나는 경우에 우리는 그의 있는 모습 그대로를 보는 듯하지만 사실 약간의 선입견이 작용한다.

예를 들어 '의사', '변호사'라는 말을 듣기만 해도 '엘리트', '머리가 좋다', '부자' 등의 인상을 받는 사람이 많다.

동일 인물을 학생들에게 소개하고 나중에 그 인물에 대해 평가한 실험이 있다.

어떤 수업에서는 대학 교수라고 소개하고, 다른 수업에서는 학생이라고 소개했다. 그러자 대학 교수라고 소개한 수업에 참여한 학생들이 그 인물을 상당히 높게 평가했다고 한다. 대학 교수라는 말을 들은 것만으로 '그는 인간적으로도 뛰어나고 존경할 만한 인물이다'라며 높이 평가한 것이다.

'학력이 낮은 사람은 평소 행실도 나쁘다.'

'일 잘하는 여성은 자존심만 세다.'

아무런 근거가 없는데도 우리는 이런 식으로 판단한다. 개인으로서 그 사람을 올바르게 평가하는 게 아니라 상대방의 직업이나 직함과 같은 사회적 지위로 평가한다.

권위주의적 성격을 지닌 사람일수록 사회적 지위나 서열을 기준으로 해서 상대방을 판단하기 쉽다. 외모나 스타일에 신경 쓰는 사람은 상대방의 용모를 중시하고, 금전에 집착하는 사람은 상대방의 집이나 재산, 소유물을 판단 기준으로 삼는 경향이 강하다.

사람을 고정적인 견해로 판단하는 것을 가리켜 '스테레오 타입'이라고 하는데, 일단 틀이 만들어지면 좀처럼 변화하지 않는다. 그 이유 역시 사람은 무의식중에 자신이 지니는 고정적인 견해를 뒷받침할 정보만 수집하기 때문이다. 그리고 어떤 측면에서 바람직한(또는 바람직하지 않은) 특징을 어느 인물이 갖고 있으면 그 평가를 그 인물의 전체적 평가로까지 확대시킨다. 이러한 경향을 심리학에서는 '광배光背 효과(헤일로 효과 halo effect)'라고 부른다.

불상을 보고 절할 때 그 몸에서 비치는 빛에 현혹되어 정확히 보지 못하게 되는 것에 비유해서 '후광 효과'라고도 한다.

이를테면 미인이나 미남, 공부 잘하는 사람은 성격까지 좋다고 생각하는 사람이 많다. 아름다운 외모와 좋은 인품은 각각 다른 특징이지만 무의식중에 판단이 왜곡되는 것이다.

그러나 그것을 역으로 사용하는 방법도 있다.

사업상 순조롭게 거래하고 싶거나 어떤 트러블이 발생한 경우, 그 방면에서 권위 있는 사람에게 중재 역할을 부탁한다. 직함으로 사람을 판단하는 '위광 효과'를 역으로 응용하는 것이다.

도심의 고층 아파트를 소유한 E씨는 자신이 유유자적한 생활을 보내는 것처럼 보이지만 "세금이나 관리비 등의 지출이 많고 주민 간의 트러블이 끊이지 않는다"고 털어놓았다.

그는 한때 집세 연체 문제로 괴로워했다. 새로 들어온 세입자가 외국인에게 또 임대했는데 집세가 반년 가까이 체납된 것이다. E씨는 세입자에게 나가달라고 요구하기 위해 몇 번이나 교섭하러 갔지만 상대는 "갈 곳이 없다", "돈을 주면 이사하겠다"며 오히려 정색할 뿐이었다. 위치상 집세가 매달 20만 엔(한화 약 190만 원) 이상 하는 집이기에 두세 달 체납된 금액만 해도 상당했다. 난감해하던 E씨가 같이 아파트를 경영하는 지인에게 상담했더니 그가 한 가지 방법을 가르쳐주었다. 즉시 실행하자 다음 날 그 세입자가 짐을 정리해서 서둘러 나갔다고 한다. 자, E씨는 어떤 방법을 사용했을까?

정답은 집세 문제 전문가에게 의뢰한 것이다. 세입자는 교섭에 응할 마음도 없었고, 풋내기가 위협해봤자 전혀 효과가 없었다. 그래서 프로에게 부탁한 것이다. 참고로 전문가에게 준 수고비로 20만 엔 정도가 들었다. 그 아파트의 한 달 치 집세에 해당하지만 세입자가 기약없이 공짜로 눌러앉아 있는 것보다는 낫다.

일본에는 '떡은 떡집에서 해야 한다'는 말이 있다. 어떤 분야든지 그 방면의 프로가 있는 법이다. 또 사업상 거래, 낙하산 입사, 의사 소개장 등 중간에 사람을 통해야 쉽게 진행되는 경우가 있다. 특히 권위 있는 사람의 한마디는 효과적이기도 하다. 상대방이 권위에 약한 사람이라면 복잡해진 이야기가 정리될 가능성이 높아진다.

유도심문을 하는 상사는
유도심문에 당한다

이제부터 소개할 내용은 동료로 보이는 두 사람의 대화다.

듣는 사람에게 과연 어떤 의도가 숨어 있을까?

"요즘 잠을 못 잘 때가 많아."

"맞아, 그럴 때 있어. 근데 왜 잠을 못 자?"

"으음, 정신적으로 피곤해서 그런가 봐."

"이해해. 어떤 일로 피곤한데?"

"인간관계도 있겠지."

"맞아. 인간관계에 관한 고민은 일할 때 따라다니기 마련이잖아."

"응. 스트레스도 쌓이고."

"그래, 그래. 싫어하는 사람과 이야기할 때 특히 그렇지 않아?"

"맞아."

"그래도 ○○ 씨네 부서는 평화로운 느낌이 들던데."

"그래?"

"근데 피곤하다니, 예를 들면 누가 피곤하게 하는데?"

"……"

"아, 알겠다! △△ 씨 아냐?"

"그 사람은 별로 그렇지는 않은데……"

"여러 가지 소문을 들었어."

"어떤 소문인데?"

"△△ 씨 때문에 주위 사람들이 힘들어한다더라."

"음, 그래?"

"△△ 씨를 조심하라고 주의를 주는 사람 없어?"

"아니, 그 정도는 아닌데……"

"그래, 맞아. ○○잖아"라고 상대방의 말을 반복하는 것은 상대방의 의견에 동의하거나 대화를 순조롭게 진행하고 싶을 때 자주 사용된다.

언뜻 보면 상대방의 이야기를 친절하게 듣는 듯해도 반드시 상대방의 이야기를 그대로 받아들인다고 할 수는 없다. 이야기를 살짝 바꾸거나 얼버무리고 싶을 때도 사용하기 때문이다.

또한 상대방의 이야기를 반복하면서 자신이 듣고 싶은 이야기로 방향을 끌고 가는 경우도 있다. 이를테면 상대방이 어떤 결론을 내렸으면 할 때 듣는 사람은 상대방의 이야기에 동의하는 듯하면서 자신의 의견이나 생각을 포함하여 대답하는 것이다.

앞의 이야기는 상대방의 속마음을 이끌어내려고 하는 사례로, 유도심문의 일종이라고도 할 수 있다.

유도심문이라는 것은 법정극 등에서 자주 나오는데, 결론을 하나로 연결시키기 위해 심문 속에 심문하는 사람이 원하는 대답이 암시되는 질문이다.

상대방이 YES만 반복하도록 질문을 했을 때는 어떠한 목적이 있다고 생각할 수 있다. 또 똑같은 반복 질문이라도 유도심문처럼 말할 경우에는 주의해야 한다. 듣는 사람은 자각하지 못할 때도 많은데, 속마음을 탐색하려고 하는 사람일수록 다른 사람에게 속을 보이고 싶지 않은 마음이 강하다. 강하면 강할수록 추의 원리가 작용해서 역방향으로 끌리는 것이다.

어느 다큐멘터리 방송 중에 여성에게 '길거리에서 남성에게 헌팅을 당해 따라가는 여성을 어떻게 생각하는가?'라고 인터뷰하는 장면이 있었다.

만일 당신이 헌팅을 당하면 어떻겠냐는 질문에 "거절할 것이다", "그때가 되어봐야 알 수 있겠다", "남자가 잘생기고 느낌이 좋은 사람이라면 따라간다"는 대답이 많은 가운데, "반드시 거절한다", "따라가는 사람의 마음을 이해할 수 없다"고 대답한 사람도 있었다. 여기서 성실한 사람일수록 거절 비율이 낮다는 것은 꽤 흥미롭다. 성실한 사람은 대체로 방어벽이 강한데, 이런 사람일수록 억압도 강해서 유혹에 꽤 쉽게 넘어간다. 극단적인 성격이 반대 극단으로 더 쉽게 치우치는 경향을 보인다는 것은 보편적인 사실이다. 이 인터뷰의 결과도 그러한 경우 중 하나다.

마찬가지로 당신의 상사가 유도심문을 즐겨 하는 사람이라면 반대로 당신이 상사에게 유도심문을 하기를 권한다. 당신은 원하는 답을 의외로 쉽게 이끌어낼 수 있을 것이다.

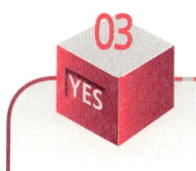

가벼운 위협일수록
설득 효과가 높다

일반적으로 설명해도 상대방이 전혀 움직이지 않는 경우가 있다. 이럴 때는 상대방을 위협해서 설득하는 방법을 최후의 수단으로 사용할 수 있다.

이를테면 "이대로는 ○○가 될 겁니다"라고 공포심을 심어준 후, "이것을 개선하려면 이렇게 해야 좋다"고 이야기하거나 "이것을 사용하면 굉장히 효과적이다"라며 상품 구입을 재촉하는 것이다.

예를 들어보겠다. 이를 닦지 않으면 잇몸 질환이나 치주염에 걸리므로 증상의 진행을 방지하기 위한 대책으로 치과에서는 손거울을 사용해서 환자에게 치아 상태를 보여준 후, 그 이상 진행된 경우에는 어떻게 되는지 사진으로 보여주거나 설명한다.

실제로 공포심을 주는 설득은 얼마나 효과적일까?

미국의 심리학자 어빙 재니스Irving Janis와 노마 페슈바하Noma Feshbach는 피험자를 세 그룹으로 나누어 구강 위생에 관한 비디오를 보여주었다. 비디오 내용은 그룹마다 달랐는데,

❶ 이를 올바르게 닦는 방법, 좋은 칫솔을 선택하는 방법

❷ 이를 올바르게 닦으면 잇몸 질환을 예방하고 건강한 치아를 유지할 수 있다는 설명

❸ '이를 닦지 않으면 잇몸 질환에 걸린다'고 사진 등을 보여주는 설명

이와 같이 강약을 조절한 내용이었다.

그 후 피험자에게 감상을 물었더니, 강한 위협을 받은 그룹은 '충치나 잇몸이 걱정된다'며 불안과 공포심을 느끼기는 했지만, 나중에 추적 조사에서는 다음 날부터 양치질을 개선하는 사람이 적었다. 반면에 약한 위협을 받은 그룹은 높은 설득 효과로 양치질을 개선하는 사람이 많았다.

공포와 설득 효과 사이에는 역U자형 관계가 있다고 한다. 공포심을 부추기면 그에 관한 관심이나 설득 효과도 높아지지만 어느 일정 수준을 넘어가면 저항과 의혹이 생겨서 오히려 설득 효과가 약해진다는 사실이 명확해졌다.

그렇다고 해도 평소 치아에 신경 쓰는 사람이라면 공포도가 높아도 쉽게 설득된다. 반대로 치아 위생에 무관심한 사람에게는 높은 공포의 설득은 효과가 그다지 없다. 결론적으로 사람이 받아들이는 방법이나 설득자와 피설득자의 관계에 따라 설득 효과가 다르지만, 그 사람이 가장 신경 쓰는 부분이나 약점을 건드리면 높은 효과가 있다.

예를 들어 주름이나 기미를 신경 쓰는 여성에게는 '그대로 두면 이렇게 주름과 기미가 늘어납니다'라는 광고의 효과가 매우 크다.

대부분의 여성들은 언제까지나 젊고 예쁘게 보이고 싶어 한다. 따라

서 그런 광고나 사진을 보면 '내 피부도 이렇게 될까?' 하고 공포심을 느낀다.

또 광고 중에는 '이 크림을 바르면 피부의 주름이나 늘어짐, 기미를 예방할 수 있습니다', '유명 여배우와 탤런트 ○○ 씨도 사용합니다'라는 선전 문구에 '이것을 사용했더니 피부가 이렇게 깨끗해졌어요! 주름과 기미도 줄었어요!'라는 체험담이 덧붙여진 것도 있다. 그 광고를 믿는 사람은 주름이 늘어날까 봐 두려워서 그 크림을 구입하게 된다. 어떤 의미에서 다른 사람의 고민을 이용하여 불안감을 자극하는 선전을 하는 것인데, 이런 방법은 신흥 종교를 권유할 때도 자주 이용된다.

체면을 신경 쓰는 사람, 고립이 두려운 사람, 자기 방어가 강한 사람 등은 위협에 약하다. 특히 지금의 입장을 잃게 되는 것을 두려워하는 사람에게 위협은 상당히 효과적이다.

하지만 공포심을 지나치게 부추기는 말을 하면 상대가 반발심과 적대심을 갖고 원한을 품는 경우도 있으므로 적당히 하는 게 좋을 것이다.

'일단 차라도 한 잔 하면서……'라는
말로 관심 가는 이성에게 접근한다

지인이 갑자기 10만 엔(한화 약 93만 원)을 빌려달라고 부탁하면 거절하는 사람이 많을 것이다.

하지만 '어떻게든 오늘 중으로 5천 엔(한화 약 4만 7천 원)이 필요한데 빌려주지 않겠어?'라고 부탁하면 5천 엔쯤이야 하는 생각에 빌려주는 사람이 있을지도 모른다.

그리고 그 후 동일 인물이 10만 엔을 빌려달라고 하면 거절하기 어려워진다.

이것은 '풋 인 더 도어 테크닉 foot in the door technique (문전 걸치기 전략 − 역주)'이라고 부르는 기술이다.

처음에 누구나 'YES'라고 할 수 있는 요청을 해서 일단 허락을 받아 놓은 다음, 나중에 큰 요청(원래의 요청)을 하면 상대방을 설득하기 쉬워진다.

방문 판매 영업사원에 의하면 인터폰으로 거절당하는 경우가 많다고 한다. 하지만 상대방이 문을 열어주면 상품을 구입하게 할 확률이 높아

진다고 그들은 말한다. 처음부터 "○○를 구입해주세요"라고 하면 거절 당할 것이 뻔하다. 그래서 그들은,

"5분만이라도 이야기를 들어 주세요."

"잠깐 이 근처에 볼일이 있어서 온 김에 인사만이라도 하려고요."

라는 말로 일단 문을 열게 한다.

'5분 정도면 괜찮겠지', '안 사면 되니까'라고 생각하며 고객은 문을 쉽게 연다. 하지만 이야기를 듣는 사이에 상품 설명을 듣게 되고 자기도 모르게 구입할 처지에 놓인다.

이것은 한 걸음 내딛는 방법으로 '단계적 설득법'이라고도 불린다.

이 경향을 조사한 실험이 있는데, 주택가가 있는 지역을 대상으로 해서 꽤 성가신 조사를 실시했다. 그때 다음의 조건 세 가지를 만들었다.

❶ 갑자기 방문한다.

❷ 전화로 "잘 부탁한다"고 연락한 뒤에 조사 의뢰를 한다.

❸ 사전에 각 가정을 방문해서 매우 간단한 설문조사를 한다. 그 후에 원래 하려던 조사를 실시한다.

그 결과 ①과 ②는 승낙한 비율이 20%인 것에 비해 ③은 53%에 달했다. 이렇듯 작은 요구를 한 뒤에 큰 요구를 하게 되면 큰 요구에도 따르기 쉽다. 갑자기 본론으로 들어가기 전에 작은 요구를 하면 상대방은 거절하기 어려워한다.

왜 이런 현상이 일어날까?

사람은 자신의 언동에 일관성을 가지려고 하는 경향이 있기 때문이

다. 처음에는 받아들였는데 두 번째에 거절하면 '자신의 행동에 모순이 생긴다'고 여겨서 꺼림칙해한다. 그래서 처음에 부탁받았을 때보다 두 번째, 세 번째에 거절했을 때 모순도 더욱 커져서 심리적 부담이 증가하는 것이다.

그러면 좋아하는 타입이 아닌 이성에게 다음과 같은 말을 들은 경우, 당신이라면 어떤 것에 승낙하겠는가?

A. 갑자기 "사귀어 주십시오"라고 한다.

B. "저와 데이트 해주세요."

C. "둘이서 한 잔 하러 갑시다."

D. 집에 돌아갈 때 "잠깐 이 근처에서 차라도 한 잔 하지 않을래요?"

아마 D라고 대답한 사람이 많을 것이다.

어지간히 싫어하는 상대가 아니면 사람들은 대부분 승낙할 것이다. 찻집에서 차를 마시는 정도라면 이성을 딱히 의식하지 않아도 되기 때문이다. 서로에 관해 아무것도 모르는데도 "당신을 좋아합니다"라고 고백하거나 "제 애인이 되어주세요", "저와 사귀어주세요"라고 말하는 사람이 있는데, 이래서는 거절당할 확률이 높다.

호감을 느끼는 상대에게 데이트를 신청하고 싶을 때는 "어디서 차라도 마실까요?"라고 가벼운 느낌으로 말하면 좋다. "좀 의논할 게 있어서……"라고 덧붙여 말하면 승낙할 가능성이 훨씬 높아질 것이다.

사람은 무료 서비스로
쉽게 속는다

　화장품 회사 등에서는 길거리에서 신제품 샘플을 나눠주면서 "시험 삼아 발라보시고, 마음에 들면 구입해주세요"라고 선전한다.

　TV나 잡지에 선전할 예산이 없어서 텔레마케팅으로 상품을 판매하는 회사도 많다.

　어딘가에서 입수한 명부 등을 보면서 여성이 사는 집에 전화를 걸어 "지금 진행 중인 행사에 ○○ 님이 한정 백 명 안에 뽑히셨습니다. 축하드립니다. 선택되신 분에게는 당사가 개발한 ○○(상품)의 샘플을 무료로 보내드립니다"라고 말한다. 전화를 받은 여성 중에는 '무료로 준다면 받아야지', '마음에 들지 않으면 안 사면 그만이야'라며 가볍게 생각하고 깊게 따지지 않는 사람도 많다.

　며칠 뒤 택배로 샘플이나 비디오테이프가 배달된다. 팸플릿에는 '피부가 몰라보게 젊어진다', '여배우 ○○도 애용한다'는 식으로 그럴싸해 보이는 선전 문구와 더불어 해외에서 독자적으로 개발했기 때문에 가격이 좀 비싼 편이라는 안내문이 적혀 있다.

샘플이 도착한 시기를 가늠해서 다시 전화가 걸려온다.

"사용해본 느낌이 어떠세요?"

"날마다 사용하시면 한두 달 안에 확실히 효과가 나타납니다."

무료로 샘플을 받은 사람으로서는 "전혀 달라지지 않았다"고 말할 수 없다. 사용하지 않았어도 일단 "좋네요"라고 말해둔다.

"감사합니다. 어떤 상품이 가장 사용하기 편하셨나요?"

그럼 상대방이 상품명을 물어보면서 구입을 전제로 이야기를 한다. 그러는 사이에 고객은 상대방의 추천을 거절하지 못하고 '뭐 하나라도 사지 않으면 또 전화할 듯싶으니'라는 마음도 작용해서 '가장 싼 제품만 살까?' 하고 어쩔 수 없이 주문하고 만다.

권유를 거절하기가 귀찮아서 그렇다며 하나만 구입한 것도 한순간, 상품이 배달된 후에 또 전화가 걸려오고 정신 차렸을 때는 그 상품을 계속해서 사는 처지에 놓인다.

사실은 무료 샘플을 받은 시점에서 'NO'라고 할 수 없는 심리 상태가 되었다. '공짜보다 비싼 것은 없다'는 말이 있듯이 무료 제공이라는 것은 공짜 서비스처럼 보여도 실제로는 비용이 들며, 그만큼의 횟수를 포함한 돈이 오간다. "살 마음이 없으면 사지 않아도 된다"고 했지만, 이는 한 번 받으면 거절하기 어려워지는 인간의 심리를 이용한 것이다.

그러면 다음의 A, B 중에서 자신에게 해당되는 항목을 선택해보자.

A. 혼자보다 집단으로 지내야 안심된다.

B. 혼자서 시간을 보낼 때 안심한다.

A. 누군가가 부탁하면 'NO'라고 할 수 없다.

B. 마음에 들지 않는 것은 아무리 권해도 거절한다.

A. 절약가다.

B. 돈에는 관심이 없는 편이다.

A. 유행에 민감하다.

B. 유행은 전혀 신경 쓰지 않는다.

A. 그 자리의 흐름이나 감정에 좌우된다.

B. 매사를 논리적으로 생각하는 편이다.

A가 많은 사람은 권유를 주고받는 기술이 좀 더 필요하다.

이런 식의 상품 판매를 거절하려면 무료 샘플과 상품 구입은 완전히 다른 것으로 분리해서 생각하면 좋다. "샘플은 사용해봤지만 늘 쓰던 것이 역시 좋은 듯하다"라는 거짓말을 임시방편으로 사용해서 대답하는 것도 방법이다.

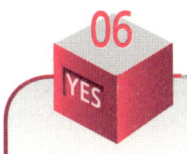

한 번 거절하게 만든 다음
승낙을 이끌어낸다

'밀고 당기기'는 연애를 잘하게 하는 기술이다. 아무리 좋아한다고 해도 강제로 어필하면 상대방은 무서워하거나 또는 집요하다고 느끼고 도망치려 할 것이다.

다른 사람에게 부탁하거나 교섭할 경우에도 이와 같다고 할 수 있다. 밀기만 하지 말고 때로는 당겨보는 것이 효과적이다.

미국의 심리학자 로버트 치알디니Robert Cialdini는 다음과 같은 실험을 했다.

길을 지나가는 사람에게 헌혈을 권해서 어느 정도의 사람들이 협력해주는지를 조사했는데, 이때 두 가지 방법으로 지나가는 사람을 불렀다.

❶ "내일 헌혈을 해주실 수 없나요?"라고 직접적으로 부탁한다.

❷ 우선 "앞으로 몇 년에 걸쳐서 2개월마다 헌혈하는 계약을 맺지 않으실래요?"라고 묻는다. 거절당하면 즉시 "하긴 그래요. 몇 년은 무리죠. 그러면 한 번만이라도 좋습니다. 내일 헌혈을 부탁드려도 될까요?"라고 부탁한다.

그 결과 ①에서는 31.7%의 사람이 승낙했고 68.3%의 사람은 거절했다. ②에서는 49.2%의 사람이 승낙했다고 한다.

몇 년 동안 정기적으로 계약하는 것은 귀찮아서 거절했지만, 한 번만이라고 하면 '그 정도는 괜찮겠지' 하는 마음이 들게 된다. 게다가 '사회와 다른 사람들에게 도움이 되는 일이니 협력하면 상대방도 고마워하겠지'라고 생각한다.

피험자들은 한 번만 헌혈에 협력해 달라는 것이 원래의 의뢰였다는 사실은 모른다. 그래서 그들은 실제로 이득을 본 것은 아니지만 이득을 봤다고 착각한다.

이처럼 사람에게는 큰 부탁을 거절하면 꺼림칙한 마음에 다음에 받는 작은 부탁을 들어주려는 심리가 작용한다. 처음의 요청을 거절한 경우, 다음에 작은 요청을 받게 되면 '상대방이 양보했다'고 생각하기 때문이다. 이것은 풋 인 더 도어 테크닉과는 반대로 거부하게 해서 양보하는 방법이다.

먼저 큰 의뢰를 일부러 거절하게 한 뒤에 양보하는 식으로 좀 더 작은 의뢰를 한다. 안에서 문을 닫으려고 하면 밖에 있는 사람이 얼굴을 들이밀어 문에 부딪치기! 즉 면전에서 문을 닫는다는 의미로 '도어 인 더 페이스 테크닉door in the face technique(머리부터 들여놓기 – 역주)'이라고 부른다.

예를 들어 동료가 와서 당신에게 이렇게 말했다고 하자.

"월급날 전이라 돈이 없어서 그러는데 5만 엔(한화 약 47만 원) 정도 빌려줄 수 있어?"

"갑자기 5만 엔이란 큰돈을 빌려달라니, 너무 무리한 부탁이야."

"그래, 역시 그렇겠지. 그럼 적어도 1만 엔(한화 약 9만 원)만이라도 빌려주면 좋겠는데."

자, 당신이라면 어떻게 대답하겠는가?

이것은 도어 인 더 페이스 테크닉의 일례인데, '으음, 뭐 1만 엔이라면 괜찮겠지' 하고 승낙하는 사람이 많지는 않은가?

이 방법은 상품을 판매할 때도 자주 사용된다.

"우리 회사에서는 이렇게 비싼 물건은 구입할 수 없습니다."

"아무래도 그렇겠지요. 확실히 가격이 비쌉니다. 그러면 이 상품은 어떻습니까? 그 상품 가격의 3분의 1밖에 안 됩니다."

처음에 누구나 거부할 법한 부담이 큰 요청을 해서 상대방이 한 번 거절하면 원래 하려던 요청을 한다. 집요한 권유에 질려서 불쾌감을 느끼는 사람이라도 권유하는 사람이 쉽게 물러나면, 자신을 매정하게 느낀

다고 여겨서 반대로 요청을 들어줄 마음이 생기는 것이다.

　이 '밀어도 안 되면 당겨보라'는 기술은 연애에도 응용할 수 있다.

　좋아하는 이성이 있으면 농담을 섞어가며 "나랑 결혼할래?"라고 말해보면 어떨까?

　"뭐? 무슨 말을 하는 거야?"

　당황하는 상대에게 즉시 말한다.

　"뭐, 안 되겠지. 그럼 대신에 맛있는 음식이라도 먹으러 가자."

　그러면 상대는 "뭐, 그 정도라면 좋아"라고 의외로 쉽게 허락할 가능성이 높아진다. 이처럼 별로 내켜하지 않는 상대를 끌어들이려면 당겨야 좋은 경우도 있다.

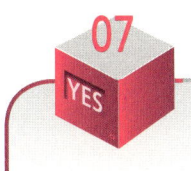

한 번 YES라고 하면
물러날 수 없게 된다

컴퓨터 판매점 앞에 진열된 상품을 바라보고 있었더니 판매원이 최신형 컴퓨터를 추천했다. 가격은 이전 모델보다 저렴한 데다가 성능은 훨씬 좋았다. 그래서 '이걸 새로 사자!'고 마음먹고 계약했더니 메모리나 하드디스크는 옵션으로 장착하는 것이라고 한다. 그것들을 추가하자 예산을 오버하고 말았다.

'처음부터 옵션이라고 말했으면 안 샀을 텐데……'라며 화를 내도 점원은 이미 본체에 옵션을 추가로 장착한 후다.

상품은 상자에 담기는 중이고, 완전히 구입할 마음을 먹었던 만큼 쉽게 물러날 수가 없다. 계약서까지 주고받아서 취소하기도 부끄럽다.

결국 옵션 금액도 지불하는 처지가 되었다.

이와 비슷한 경험을 한 적이 있는 사람이 분명 많을 것이다.

사람은 한 가지 일에 타협하면 좀 더 타협해야 할 것 같다는 기분에 휩싸인다. 또 자신이 결정한 일은 자기 책임이라고 느끼는 경향이 있다.

이 효과를 조사한 실험이 있다.

대학생에게 전화를 걸어 "심리학 실험에 참가해줬으면 합니다. 보수는 지불하겠어요"라고 의뢰했다.

이때 "그럼 내일 수요일이나 금요일 아침 7시에 실험실로 와주세요"라는 조건을 피험을 승낙하기 전에 즉시 알리는 상황과, 상대방이 피험에 응하면 알리는 상황 두 가지를 설정했다.

그 결과 처음에 '아침 7시'라는 말을 들은 사람은 31%가 YES라고 대답한 것에 비해, 실험에 협력하겠다고 승낙한 후에 '아침 7시'라는 뜻밖의 말을 들은 사람은 절반 이상이 YES라고 대답했다고 한다. 일단 조건이 좋은 설득을 따르면 그 상대에게 의리나 인정을 느낀다. 그래서 그 후 '얘기가 다르다'고 생각해도 딱 잘라 거절하지 못한다는 것이다.

'쉽게 손을 뗄 수 없다'는 말이 있듯이 일단 YES라고 한 이상 나중에 취소하기도 그렇다. 이미 결정해버린 일을 취소하는 것은 귀찮고 상대방도 싫은 표정을 할 것이다. 그리고 결정하기 전에 내용을 자세히 묻지 않은 자신에게도 책임이 있지 않을까 하고 생각한다.

처음의 좋은 조건으로 YES라고 했으므로 조건이 바뀌어도 거절하기 어려워하는 심리가 작용해서 의무감이 생긴다. 한 번 YES라고 했는데 취소하는 것에 대해 부끄럽고 분하다는 생각도 작용한다. 그 결과, 자신에게 불리한 조건이라는 것을 알면서도 물러날 수 없게 된다.

우선 쉬운 요구를 한 뒤 다른 요구를 받아들이게 하는 심리법칙을 교묘히 이용한 것이 바로 '로우 볼 테크닉 low ball technique (낮은 공으로 유혹하는 기술)'이다.

원래 잡을 수도 없을 법한 높은 공(하이 볼)을 상대방이 받기 쉬운 낮은 공(로우 볼)으로 보이게 해서 상대방의 마음을 움직이는 것이다. 처음부터 좋은 조건을 제시하지 않는 경우보다 승낙하는 비율이 높아서 '승낙 선취법'이라고도 불린다.

최종 목표를 설정한 후 미끼를 던지고 상대방이 그것을 받은 시점에 원래의 요구를 말한다. 튼튼한 벽을 조금씩 무너뜨리는 방법이다. 사기꾼들이 사기를 칠 때도 이런 기술을 자주 사용한다.

먼저 거짓 조건으로 설득해서 YES를 이끌어낸 뒤 "좀 사정이 생겨서 이 조건으로 부탁한다"며 이전보다 불리한 조건(원래의 조건)으로 승낙을 받는다.

처음에 매력적인 조건을 제시해서 상대에게 일단 승낙을 얻어내면 나중에 그 조건을 뒤집어도 상대는 좀처럼 'NO'라고 할 수 없게 된다. 그 심리를 잘 꿰뚫은 것이다.

경우에 따라서는 속인 상대가 "당신뿐만 아니라 나도 결과를 예상할 수 없었다"며 남의 일이라는 듯한 얼굴을 하거나 "나도 손해를 입었다"고 피해자로 가장해서 사기 사건이 흐지부지하게 끝나버리는 사례도 있다.

로우 볼 테크닉은 비즈니스 교섭 자리에서도 굉장히 효과적이지만 방법에 따라서는 상대방과 좋은 관계를 맺지 못할 가능성도 있으므로 극단적으로 불리한 조건을 내놓는 것은 피하는 것이 현명하다.

권유할 때는
양자택일로 유도한다

직장에서 상사에게 어떤 제안을 냈다. 그런데 상사는,

"으음, 나중에 생각해보겠네."

"지금 당장은 대답하지 못하겠는데."

라며 말을 얼버무릴 뿐이다.

이런 유형의 사람은 어떻게 설득해야 효과적일까?

자기 방어가 강하거나 우유부단한 사람은 좀처럼 결단을 내리지 못한다. "어떻게 할 겁니까?"라고 하면 책임을 지고 싶지 않아서 우물쩍 도망가려고 한다.

그런 사람에게는 선택지를 부여하면 좋다.

상품을 판매할 때 '양자택일 화법'이라고 불리는 기술이 있다.

아무것도 살 생각이 없는 고객에게 "요즘 같은 때엔 이 두 종류(A와 B)를 추천합니다. 어느 쪽을 좋아하시나요?"라고 양자택일 방식으로 질문하면 상대방은 "A가 좋을까?" 하고 대답한다.

또 최근에는 다이어트가 유행이라서 피부 관리실이 한창 인기가 있는데, 베테랑 여성 판매원은 '살이 빠져서 예뻐진다'라는 식의 촌스러운 권유는 하지 않는다.

"다리와 허리 중 어느 쪽이 신경 쓰이시나요?"라고 처음부터 양자택일 화법으로 말하기 시작한다. 그러면 대부분의 여성은 어느 한쪽을 선택해 대답한다.

허리가 신경 쓰인다는 고객에게는 "그렇죠. 허리 지방을 신경 쓰는 분들이 많아요"라며 '집단 의식'을 이용해 동의하면서 "여름도 다가오는데 수영복을 입었을 때 허리가 특히 눈에 띄거든요. 이건 허리를 꽉 조여주는 코스로……"라는 식으로 대화를 이끌어간다.

'어떻습니까?'와 같이 막연한 질문이 아니라 'A냐 B냐'라는 선택지를 제시하는 것이 중요하다.

그러면 상대방이 어느 한쪽을 선택함으로써 자연스럽게 '구입한다'는 방향이 생겨난다.

이것은 상품 판매나 무언가를 권유할 때 사용하는 최후의 수단이라고 할 수도 있겠다.

누군가에게 데이트를 신청하고 싶을 때도 이 방법을 응용할 수 있다.

"이번 주 휴일에 데이트하지 않을래?"라는 말로 막연히 권유해서는 승낙을 받을 확률이 반반이다. 그보다,

"이탈리아 요리랑 일식 중에 어느 쪽을 좋아해?"

"술 마시는 것과 노래 부르는 것 중에서 어느 쪽이 스트레스 해소가 돼?"

라고 대화를 나누는 중에 아무렇지 않게 양자택일을 제시한다. 그러면 상대방은 어느 한쪽을 대답하지 않을 수 없다.

　답을 들으면 "역시 그렇구나? 나도 그래"라고 동의하며 "그럼 이번에
가자"고 권유하면 상대방은 그 말에 넘어가서 승낙하기 쉽다.

　두 가지 선택지에서 고르게 하면 상대방은 자신에게 선택의 자유가
있는 것처럼 느끼지만, 원래 그 선택지를 주는 것은 당신이므로 상대방
이 어떤 것을 선택해도 당신이 바라는 결과가 된다.

　이 방법은 비즈니스에서도 이용할 수 있다.

　"바쁘시겠지만 이번 주와 다음 주 중 언제 시간이 나십니까?"

　상대방이 "으음, 다음 주는 좀 바쁠 텐데"라고 하면 "그러면 그 다음
주에 시간을 내주실 수 있나요? 장소는 저희 쪽에서 준비해놓겠습니다."

　이렇게 상대방이 선택했다는 식으로 대화를 이끌어간 뒤 "식사하면
서 이야기해도 괜찮을까요? 음, 일식과 중식 중에 어느 쪽을 좋아하시나

요?"라고 다음 단계로 이야기를 진행한다.

언제든지 이 방법으로 순조롭게 이야기가 진행된다고 할 수만은 없지만, "꼭 한번 만나 뵙고 싶습니다"라고 막연하게 말하는 것보다 성공률이 훨씬 높아질 것이다.

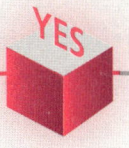

Chapter **5**

'암시'를 이용해서 상대방에게
YES를 이끌어낸다!

변명하기 전에 먼저 사과한다!

업무상 실수에 관해 주의를 주면 반드시라고 해도 좋을 만큼 변명하는 사람이 있다.

"저는 시키신 대로 했습니다", "요즘 잠이 부족해서……"라며 자신의 잘못을 시인하려고 하지 않고 다른 일로 원인을 바꿔치기하려고 한다. 상습적으로 실수하는 사람에 한해서 그들은 사과는 나중으로 미루고 계속 변명만 한다.

변명이라는 것은 다른 사람에게 비난받을 행동을 했을 경우, '인정은 하지만 내 잘못이 아니다', '나는 나쁘지 않다'고 스스로를 정당화하는 것이다. 이는 자존심에 상처를 입지 않기 위한 자기 방어 기능이며, 상대방에게 미안해하지 않고 우선적으로 자신을 보호하려는 것이다.

변명의 일종으로 '자기 핸디캡'이라는 것이 있다.

이를테면 회사 사람들과 한창 골프를 치다가 "요즘 일이 바빠서 연습이 부족했습니다", "골프를 2, 3년 정도 치지 않아서 잘 칠 수 있을지 모르겠네요"라는 식으로 사전에 변명하는 것을 말한다.

골프 실력에는 자신이 없지만 창피 당하는 것은 더욱 싫다. 그래서 처음에 변명을 해놓으면 성적이 나빠도 "오랫동안 치질 않아서 감을 잡지 못했다"며 다른 사람이나 자기 자신까지 이해시킬 수 있다는 것이다.

시험 보기 전부터 "감기에 걸려서 몸 상태가 안 좋아"라고 하는 것도 변명의 일종으로, 성적이 나빴을 때의 구실로 삼기 위해 쳐놓은 예방선이다. 성적이 좋으면 "몸 상태가 나빴던 것치고는 비교적 점수가 잘 나왔네"라고 말한다.

이처럼 결과가 어떻게 나오더라도 손해를 보지 않도록 사전에 예방선을 쳐놓는 것을 '자기 핸디캡' 또는 '사전 사과법'이라고 한다.

하지만 평소 변명하는 게 입버릇이라서 어떤 일이든지 예방선을 치는 사람은 이 기술을 사용할 수 없다. 오히려 주위에서 '또 시작이다' 하고 질려할 게 뻔하다.

그런데 당신은 이런 식으로 변명하는 사람을 어떻게 보는가?

예를 들겠다. 당신은 파트너와 짝을 이루어 점토를 사용한 창작물을 만들라는 의뢰를 받았는데, 이때 다음의 네 사람과 번갈아가며 짝을 이루게 되었다고 하자.

A. 상대방이 붕대를 감고 "다쳐서 손을 움직이면 아프다"고 호소한다.

B. 상대방이 붕대를 감고 있지만 아무 말도 하지 않는다.

C. 상대방이 붕대를 감지 않고 "다쳐서 손을 움직이면 아프다"고 호소한다.

D. 상대방이 붕대를 감지 않고 아무 말도 하지 않는다.

창작 활동이 끝난 뒤, 판정하는 사람이 평가가 별로 좋지 않다는 사실을 알려주었다. 그 후 파트너의 창작 능력에 관한 평가와 상대방의 호감도를 물었다.

자, 당신의 네 사람에 관한 능력 평가와 호감도는 어떤가?

가장 호감을 느낀 상대와 반감을 느낀 상대는 각각 어떤 사람인가?

이것은 실제로 실시한 실험을 편집한 것이다.

이 중에서 자기 핸디캡을 친 사람은 A와 C에 해당한다.

결과는 네 사람 다 능력 평가에 별다른 차이는 볼 수 없었지만 상대방에 대한 호감도는 크게 달랐다. 붕대의 유무에 상관없이 변명을 한 상대에 대한 호감도가 낮았다.

사람은 실패하거나 뭔가 잘못했을 때 자기도 모르게 마치 변명하듯이 말한다. 성공했을 때도 자신에게 유리한 쪽으로 해석하려고 한다.

성공했을 때는 '나에게 능력이 있기 때문이다', '노력이 결실을 맺었다'고 생각하고, 실패했을 때는 '운이 나빴다'며 남의 탓을 하기 십상이다.

이렇듯 자신의 행위가 성공한 경우에는 내적 귀속, 실패한 경우에는 외적 귀속을 하기 쉬운 경향을 가리켜 '자기 위주 편향self-serving bias'이라고 한다.

일이 잘 풀리지 않을 때 다른 사람이나 운을 탓하는 것은 어떤 의미에서 낙관적이며 자기를 지나치게 질책하는 것보다는 낫지만, 언제나 그렇게 행동해서는 아무것도 향상되지 않는다. 변명이나 책임 전가를 많이 하는 사람은 자신의 신용이나 평판을 떨어뜨리게 된다.

호감도를 올리기 위해서라도 실수하면 변명하기 전에 우선 상대방에게 사과하자.

변명을 알맞게 사용하면
평가가 올라간다!

업무 중 실수를 저질러서 상사와 거래처 담당자가 화를 내고 있다. 갑자스럽게 출장 명령을 받는 바람에 부하 직원의 작업 상태를 제대로 확인하지 못해서 발생한 실수였다.

이럴 때 당신이라면 어떻게 말하겠는가? 다음 중에서 가장 근접한 답을 선택해보기 바란다.

A. 바빠서 확인할 시간이 없었습니다.

B. 죄송합니다. 바빠서 확인할 시간이 없었습니다.

C. 죄송합니다. 이번 실수는 제 책임입니다. 출장 중이라 해도 부하 직원이 하는 작업은 제가 확인해야 했습니다.

D. 전부 제 잘못입니다. 변명하지 않겠습니다.

이와 비슷한 실험에서 상대방이 말한 내용에 따라 자신의 생각을 바꾼 사람이 20%, 말한 사람의 인품에 따라 자신의 생각을 바꾼 사람은

46%나 됐다고 한다.

즉 실수나 실패를 했을 때 '사과'와 더불어 '어떤 식으로 말했는가', '그 말이 어떤 인간성을 느끼게 했는가'가 중요하게 작용한다. 제대로 사과했다고 생각해도 사과 방법에 따라 그 후의 평가가 달라진다.

예컨대 앞의 예와 같이 부하 직원의 일처리 상태를 충분히 확인하지 못해서 실수가 발생했다고 하자. 당신이 출장 중에 있었고 부하 직원이 실수를 일으켰더라도 책임은 담당자인 당신에게 있다.

말로만 사과하거나 "전부 제 잘못입니다", "변명하지 않겠습니다"라고 하면 "더 이상 이 문제에 관해서는 이야기할 마음이 없다"고 하는 것과 같다.

사과하는 마음을 효과적으로 표현하려면 사과하고 나서 상대방이 말하기 전에 그 이유나 상황을 알리는 것이 중요하다.

❶ 왜 이번 실수가 발생했는가?

❷ 그 실수로 인해 어떤 영향을 주었는가?

❸ 그 실수를 어떻게 대처할 생각인가?

❹ 앞으로 이런 실수가 발생하지 않도록 구체적으로 대책을 세웠는가?

변명이 말 그대로 변명으로만 들리는 것은 자신의 실수를 인정하려고 하지 않고 ①의 원인에 관해서만 전하려고 하기 때문이다.

변명을 이유로 설명하고 앞으로의 대처 방법도 포함해서 사과하면, "뭐, 일할 때 실수는 반드시 따르는 법이지. 본인도 반성하는 듯하니 앞으로는 주의하게"라며 상대방의 화는 가라앉는다.

급한 일을 부탁받아 시간이 부족할 때도 무심결에 "시간이 없어서……"라고 변명하기 쉬운데, "다 끝났습니다. 할 수 있는 만큼은 했는데 조사할 시간이 부족해서 좀 자신이 없네요"라고 하면 상대방에게 주는 인상은 훨씬 좋아진다.

최선을 다했다고 말했는데 시간이 없어서 충분한 성과를 내지 못하거나 일에서 저지른 실수가 눈에 띌 경우 상사의 평가는 크게 달라진다.

"열심히 했습니다"라는 말만으로는 '본인이 열심히 한 것치고는 제대로 되어 있지 않다'고 여긴다. 하지만 이유도 전해놓으면 상대방은 '뭐, 시간이 없었으니 이 정도라도 감지덕지하다. 할 만큼은 했다고 본인이 말했으니까'라고 해석한다.

반대로 일이 잘된 경우 '시간이 모자란 것치고는 제대로 되어 있네. 이 사람도 제법 하는군'이라고 생각해서 평소보다 높은 평가를 얻기 쉽다.

능력 있는 상사는 당근과 채찍을
잘 구분해서 사용한다

해마다 지시를 기다리는 유형의 젊은 사람들이 늘고 있다고 한다. 그들은 하나부터 열까지 일일이 가르쳐줘야 움직인다.

상사의 역할은 부하 직원에게 단순히 일만 지시하는 게 아니라 부하 직원을 '정신적으로' 일할 수 있는 방향으로 이끌어가는 것이다. '상사의 명령으로 어쩔 수 없이 일했다'는 수동적인 의식에서 '자발적으로 일한다'는 의식으로 바꾸는 것이 중요하다.

그러기 위해서는 어떻게 해야 좋을까?

다른 사람에게 뭔가를 시키고 싶을 때 가장 먼저 응용할 수 있는 것은 보수와 벌, 다시 말해 '당근과 채찍'이다.

동물을 이용해서 보수와 벌이 미치는 영향을 조사한 실험이 있다.

쥐를 T자형 미로에 넣고 오른쪽이나 왼쪽으로 가도록 하는 실험이었다. 오른쪽으로 가게 하고 싶을 경우 오른쪽에 먹이 등의 보수를 놓으면 쥐는 즉시 오른쪽으로 가야 한다는 것을 기억했다.

그럼 오른쪽에 먹이를 놓지 않고 왼쪽에 전기 충격 장치와 같은 벌을 설치하면 어떻게 될까?

또 어느 쪽을 가더라도 벌이 설치되어 있으면 쥐는 어떤 행동을 보일까?

오른쪽에 먹이를 놓지 않고 왼쪽에 전기 충격 장치를 설치한 결과, 오른쪽으로 갈 거라는 예상과 달리 쥐는 좀처럼 오른쪽으로만 가려고 하지 않았다.

그리고 양쪽에 전기 충격 장치를 설치한 경우에는 쥐가 혼란을 일으켰다. 오른쪽으로 가기는커녕 앞으로조차 가지 않고 구석에 웅크리거나 미로에서 나가려고 했다.

이 실험 결과로 쥐는 먹이(보수)가 있는 쪽으로는 가려고 하지만 먹이 대신 전기 충격 장치(벌)를 사용하면 움직이지 않는다는 사실을 알 수 있다.

그렇다면 사람의 경우에는 어떨까?

예를 들어 학교에 가기 싫어하는 아이가 있다고 하자. 앞의 미로에 비유하면 오른쪽은 학교에 가는 것, 왼쪽은 학교에 가지 않는 것이다. 학교에 가고 싶지 않다고 하면 부모님에게 혼난다. 그래도 가지 않으면 부모님은 "나중에 네가 곤란해져", "선생님 오시라고 한다"라고 아이를 위협할지 모른다. 이렇게 하면 그 아이는 학교에 가고 싶어 하기는커녕 집에 틀어박히거나 집 안에서 난폭하게 행동할 것이다.

한편 학교에 가지 않는 것에 벌을 주지 않고 학교에 가는 것에 대가를 부여하면 그 아이는 학교에 가게 된다. 게다가 외부에서 받는 대가뿐만이 아니라 학교에서 친구와 놀거나 뭔가를 배우는 것이 즐거우면 아이는 자발적으로 학교에 가고 싶어 할 것이다.

일도 마찬가지다. 일을 좋아하고, 일하는 시간이 즐겁다는 '내발적 동기부여'가 있으면 상사에게 주의를 받거나 질책당하지 않아도 스스로 일하려고 하는 법이다.

쥐 실험에서 또 하나 재미있는 결과가 나왔다.

실험대 위에서 오른쪽으로 점프하면 보수, 왼쪽으로 점프하면 벌을 준다는 식으로 실험을 했더니 쥐가 오른쪽으로 점프하게 됐다. 그다음에 어느 쪽으로 점프해도 벌을 받게 했더니 쥐는 갑자기 전혀 관계없는 방향으로 점프하기 시작했다.

예를 들어 내일 시험이 있다고 하자. 시험공부를 안 하면 나쁜 성적을 받아서 부모님에게 질책당하지만, 흥미 없는 공부를 하는 것도 싫다. 공부를 하는 것도 싫고 공부를 안 해서 나쁜 성적을 받는 것도 싫다. 어느 쪽을 선택해도 자신에게는 받기 싫은 벌이 기다리는 상황이다.

이럴 때 공부를 하지 않고 놀거나 자고 싶어지지 않는가? 갑자기 방 청소를 하고 싶어지거나 책이 읽고 싶어지는 사람도 있을 것이다. 이는 쥐처럼 다른 방향으로 점프하기 때문이다.

또 '방이 어지러워서 공부에 집중할 수 없다'고 스스로 자신의 행동에 핑계를 댄다. 이래서는 문제가 해결되지는 않는데도 일단 불안이나 죄악감을 해소하려고 하는 쪽으로 신경을 쓰는 것이다.

기대를 건 부하 직원은
유능해진다

    다른 사람을 움직이게 하려면 말투에도 주의해야 한다. 똑같은 일을 부탁할 경우라도 말투에 따라 상대방에게 주는 인상이 크게 달라진다.

    미국의 심리학자 로버트 로젠탈^{Robert Rosenthal}은 초등학생에게 일반적인 지능 테스트를 실시해서 그 결과를 담임선생님에게 다음과 같이 보고했다.

    "이 테스트는 장래의 학력 향상 정도를 확실하게 예측할 수 있습니다. 아직 연구 중이라서 결과를 알려드릴 수는 없지만, 선생님에게만 앞으로 성장할 학생의 이름을 알려드리겠습니다."

    이때 예로 든 몇 사람은 지능 테스트 성적에 관계없이 무작위로 뽑힌 학생들이었다. 그리고 8개월 후에 다시 지능 테스트를 했더니 이름을 거론한 학생들의 성적이 확실히 올랐다.

    즉 교사가 기대한 학생과 기대하지 않은 학생의 성적 향상을 비교했더니 기대한 학생의 성적이 높은 성장률을 보였다.

    '이 학생들은 앞으로 성적이 향상된다'는 말을 들은 교사는 "열심히

해”, “제대로 공부하고 있니?”라고 학생들에게 기대를 하거나 격려를 하게 되고, 학생들 역시 그 기대에 민감하게 반응해서 열심히 공부한 결과 좋은 성적으로 이어졌다고 생각할 수 있다.

이처럼 다른 사람에게 의식적 또는 무의식적으로 거는 기대가 상대방에게 전해져서 기대하는 대로 되는 현상을 심리학에서는 ‘피그말리온 효과’라고 부른다.

피그말리온이란 그리스 신화 ‘피그말리온’에서 유래된 이름이다.

옛날 키프로스 섬에 ‘피그말리온’이라는 젊은 왕이 있었다. 그의 취미는 조각으로, 특히 아름다운 여성상을 조각하는 것을 좋아했다. 어느 날 그는 멋진 대리석을 얻은 즉시 온 힘을 쏟아부어 ‘이상적인 여성상’을 조각하기 시작했다.

그 조각상이 너무나도 아름다운 나머지 사랑에 빠진 왕은 실제로 조각상을 살아 있는 인간처럼 사랑했고, ‘이 조각상이 인간이었으면 좋겠다’며 열심히 빌었다. 어느 날 이 피그말리온의 기도가 사랑과 미의 여신인 아프로디테에게 전해졌고, 그의 사랑이 진지하다는 것을 안 아프로디테는 대리석 여성상에게 생명을 불어넣어주기로 했다.

‘열심히 계속 믿으면 소원은 반드시 이루어진다.’

‘어떤 일이든지 현상을 부정적으로 단정하지 말고 항상 자신이 꿈꾸는 모습에 신념을 갖고 꾸준히 앞으로 나아가자. 그러면 결국 예상치 않은 좋은 성과를 얻을 수 있고 꿈은 현실이 된다.’

이런 내용이 담긴 전설이다.

로젠탈의 실험에서도 학생에 대한 교사의 기대나 태도가 학생들의 지능과 학습 의욕에 큰 영향을 주었다.

혼내기만 하면 상대는 움직이지 않는다. 자신을 헐뜯는다고 느끼면 의욕도 사라질 것이다. 반대로 동기부여가 있으면 사람은 자발적으로 행동하게 된다. 일할 때는 상사의 반응이나 작용이 부하 직원의 일하고자 하는 의욕을 일으키기도 하고 없애기도 한다.

일에서 실수한 경우에는 혼내는 것도 필요하지만 기대를 하면 상대방도 그 기대에 부응하게 된다. 성공했을 때 칭찬하면 상대방에게 '하면 된다'는 마음을 심어주어 동기부여를 한층 더 올릴 수 있다.

기대는 부하 직원뿐만 아니라 상사에게도 일을 함께하는 데 있어서 커다란 힘이 된다.

상대방에게 기대를 걸고 그 사람의 장점을 향상시키기 위해 따뜻한 태도로 대하면 상대방도 바람직한 방향으로 성장해나갈 가능성이 높다.

친해지고 싶은 상대는
이름을 부르자

부하 직원을 움직이게 하려면 다음 중 어떤 말투가 가장 효과적일까?
자신이 듣는 입장이라면 각각 어떻게 느껴지는지 생각해보기 바란다.

A. "내일까지 이 기획서를 부탁해도 될까? 바쁠 텐데 미안하군."

B. "이 기획서를 만들어오게. 내일까지 안 하면 곤란해."

C. "이 기획서를 만들어오게. 쉬운 내용이니까 자네라면 할 수 있을 거야."

D. "다카하시. 내일까지 이 기획서를 만들 수 있겠나?"

아마 많은 사람들이 다음과 같이 느끼지 않을까?

A. '~해줄 수 있어?'와 같은 말투는 의문형이라서 부탁받은 사람에게
결정권이 있는 것처럼 느껴진다. '부탁해도 돼?'라는 말투도 상대방에게
선택의 여지를 준다. 마치 강요하는 듯한 인상은 주지 않지만, 상대가 일
할 의욕이 없는 부하 직원이라면 "죄송하지만 바빠서요"라고 대답할 가
능성도 있다.

B. '내일까지 안 하면 곤란하다'는 것은 상사의 사정이다. 일에는 반드시 기한이 따르는 법이지만 상사가 일방적으로 자신의 사정을 강요하는 듯한 위압감을 줘서 부하 직원이 마음속으로는 반발심을 일으킬 것이다.

C. '이건 쉬우니까 자네라면 할 수 있을 것이다'는 쓸데없는 말이다. 상대에 따라서는 무시하지 말라며 화를 낼 것이다. 또 '쉬운 일만 할 수 있다고 여기나?' 하고 느끼기 쉽다.

D. 사람은 누구나 지명돼서 부탁받으면 거절하기 어려워한다. 명령을 따르는 것에 큰 저항을 느끼지 않는다. 또한 자신에게 책임이 있다는 생각을 강하게 갖는다.

이처럼 다른 사람에게 부탁할 때는 이름도 부르는 것이 효과적이다. "누가 좀 도와줘"라고 해도 그 말을 들은 사람들은 '누군가가 도와주겠지' 하고 남의 일처럼 생각하는데, "○○ 씨, 도와주세요"라고 지명해서 말하면 거절하지 못한다.

사람의 이름은 무의식적으로 부르는 듯해도 커뮤니케이션을 원활하게 만들어주는 존재다. 게다가 상대방을 어떻게 부르느냐에 따라 상대와의 관계도 달라진다.

예를 들어 단골 식당이나 술집에 들어갔을 때 이름으로 불러주면 기분이 좋다. 몇 번을 가도 '손님'이라고만 부르는 것보다 이름으로 불러주면 인격을 가진 개인으로 취급받는 기분이 들기 때문이다.

이름은 그 사람만이 가질 수 있는 것이며, 이른바 상징이다. 이름을 부르며 말을 거는 것은 상대방을 개인으로서 인정한다는 의미이기도 하며, 상대방에게 보이는 최선의 예의이기도 하다.

업무상 거래처 담당자와 이야기할 때도 '귀사'나 '○○(기업명)'보다 '이시이 씨'라고 상대방의 이름을 부르며 이야기하는 편이 훨씬 더 속마음을 털어놓는 느낌이 든다.

반대로 몇 번을 만나도 상대방의 이름을 외우지 못하면 '이 사람은 내게 관심이 없구나'라고 생각하게 된다.

예컨대 미팅 자리에서 호감을 얻으려고 자기 어필을 하고 싶어 하는 사람이 허다하다. 하지만 그 전에 상대방의 이름을 외우려고 해야 상대방도 관심을 가져줄 것이다. 시종일관 자기선전만 하는 사람은 본인한테만 관심이 쏠려 있으므로 눈앞에 있는 상대의 인격이나 그 사람이 어떻게 느끼느냐 하는 점에까지는 주의를 기울이지 못한다.

상대방과의 심리적 거리를 좁히고 싶을 때는 거리를 좁힐 수 있는 말을 사용해서 근접도를 높인다. "당신은 어떻게 생각하십니까?"라고 하기보다 "○○ 씨는 어떻게 생각하십니까?"라고 하며 이름을 불러야 근접

도가 높아진다. '당신'이나 '그쪽에 있는 사람'보다 'ㅇㅇ 씨(성)' 또는 'ㅇ
ㅇ(이름)'라고 부르는 편이 심리적 거리를 가깝게 한다. 이렇게 호칭에
따라 두 사람의 관계는 가까워질 수도 있고 반대로 멀어질 수도 있다.

상대방과 친하게 지내고 싶을 때는 이름으로 부르는 횟수를 의식적
으로 늘리도록 하자. 실속 있는 커뮤니케이션을 할 수 있는 기회도 늘어
날 것이다.

자신의 약점을 상대방에게
드러내서 호감을 얻는다

첫 데이트에서 상대방의 마음을 끌고 싶은 욕심에 자신을 어필하려고 자랑만 늘어놓는 사람이 있는데 이는 오히려 역효과를 일으킨다. 사람은 타인에게 잘 보이고 싶어 하는 마음을 가졌기 때문에 첫 만남에서 되도록 좋은 인상을 심어주려고 한다. 그런데 이때 결점이나 약점을 애써 숨기려고 하는 것보다 먼저 한두 가지를 보여주면 오히려 호감을 얻을 가능성이 높다.

사람과 사람이 서로 친해지는 과정에서는 '자기 개시'가 반드시 필요하다.

자기 개시란 자신에 관해 이야기하는 것을 의미한다. 자신에 관해 말하는 것은 자신의 마음을 열고 상대방에게 보여주는 것이며, '당신이 나라는 인간을 알아주길 바라서 이야기한다'는 어감도 포함하고 있다.

미국의 심리학자 시드니 쥬라드Sidney Jourard는 물리적 거리와 친근감의 관계를 조사하기 위해 다음과 같은 실험을 했다.

피험자들과 바람잡이들이 잠시 대화를 나누는데, 그때 다음의 조건을 설정했다.

그 결과 호감을 얻은 쪽은 ①이었다.

한쪽이 자기 개시를 하면 상대방도 마찬가지로 자기 개시를 한다. 서로 자기 개시를 하면서 점점 관계를 돈독히 하고 사이도 좋아지는 것이다. 이것을 '호의의 보답성'이라고 한다. 상대방이 자신에 관해 이야기했기 때문에 자신도 이야기하려고 하는 마음이 드는 것인데, 상대방이 자기 개시를 한 수준과 비슷한 정도로 자기 개시를 하면 균형이 맞는다.

어느 잡지에 '어떤 사람이 매력적인가?'라는 설문조사가 실렸다. 그 조사 결과에 의하면 '솔직한 사람'이라는 답이 가장 많았다.

솔직하다는 것은 자신의 생각을 어리석게 다 말하는 것을 의미하지는 않는다. 어느 정도 다른 사람을 배려하며 선입견 없이 있는 그대로의 모습을 보여주는 것을 의미하는 것일 터이다.

두뇌가 명석하고 유능해서 일도 잘하는 사람은 남들이 존경할 수는 있지만 친근감은 그다지 느끼지 못한다. 빈틈이 없고 모든 것을 갖춘 사람은 지나치게 완벽해서 다가가기 어렵고, 친구로 어울리면 항상 열등감을 느낄 것 같다.

그런 점에서 어딘지 약간 부족해 보이거나 결점이 있는 사람을 보면 '나와 같다'고 안심하며 친근감을 갖는다. 일로 실적을 올리거나 높은 평가를 얻으면 자신의 능력을 과시하거나 기고만장해져서 자랑하고 싶어 하는 사람이 있다. 하지만 그런 사람은 주위에서 질투와 반감을 초래할 뿐이다. '우연히 운이 좋았어', '상사 덕을 봤어'라고 겸허한 태도로 지내면 반대로 호감도가 올라간다.

실제로 일을 잘하는 사람일수록 타인에 대한 배려를 잊지 않고, 성공해도 상사나 은사를 대우한다. 열심히 노력해서 실력이 늘더라도 자신을 내세우기보다 상사가 '아직 멀었다'고 느낄 정도로 겸손하게 행동하면 사랑받을 수 있다.

처음 만나는 사람에게는 억지로 완벽한 자신을 만들려고 하는 것보다 자신의 약점을 상대방 앞에 드러내야 호감을 얻을 수 있다. 자신의 과거 실패담을 재밌고 우습게 이야기하는 사람에게는 누구나 공감할 수 있을 것이다.

'그렇군요'를 반복해서 유도한다

남녀 두 커플이 첫 데이트에서 대화를 나누고 있다.

A와 B, C와 D 커플 중 마음이 맞고 잘 진전될 수 있는 커플은 어느 쪽일까?

또 당신이 B나 D라면 상대방에게 어떤 인상을 받을까?

A와 B의 대화

A : "오늘은 날씨가 좋네요."

B : "그렇군요."

A : "슬슬 출출하지 않으신가요?"

B : "그렇네요."

A : "이 근처에 잘 아는 가게가 있어요. 이탈리아 요리는 어떠세요?"

B : "좋아요."

A : "음식이 맛있고 분위기도 좋은 곳인데 갈까요?"

B : "네."

C: "오늘은 날씨가 좋네요."

D: "그렇군요."

C: "하지만 저는 사실 비 오는 걸 좋아해요."

D: "네?"

C: "성격이 어두워서 그럴까요?"

D: "아니, 그건 어떤지 잘 모르겠네요."

C: "자주 그런 말을 듣고 스스로도 그렇게 생각하거든요."

D: "아니, 그렇지는 않은 것 같은데……"

두 커플의 대화의 차이는 무엇일까?

키워드는 바로 'YES'다.

데이트할 때뿐만 아니라 설득이나 교섭을 할 때도 가장 중요한 것은 먼저 자신의 이야기를 듣게 하는 것이다.

처음에 날씨나 스포츠 이야기와 같이 무난한 이야기를 하다가 상대방이 'YES'라고 대답하기 쉬운 화제를 선택하도록 한다.

상대방은 'YES'를 연발하는 사이에 자신도 모르게 'YES'라고 대답하는 것에 전혀 저항심을 느끼지 않게 되고, 결국에는 어떤 질문에도 'YES'라고 대답한다.

이것은 심리학에서 말하는 '심적 갖춤새(멘탈 세트mental set)'를 응용한 방법이다.

처음에 'YES'라고 긍정하면 심리적인 자세가 완화되고 경계심이 풀어진다. 계속해서 'YES'라고 대답하는 사이에 일일이 확인하는 감각이

마비된다.

반대로 처음부터 'NO'라고 대답하게 되는 질문을 하면 부정적인 분위기가 형성되어 심리적 저항이 강해진다.

그래서 질문할 때는 상대방이 긍정적으로 대답할 수 있는 YES 형식으로 하는 것이 좋다. 따라서 질문 내용도 상대방이 'YES'라고 대답할법한 질문을 미리 준비해두면 된다. 이것을 가리켜 'YES 유도 화법'이라고 불린다.

상대방이 반론했을 때도 이 기술이 효과적이다.

"그건 좀 이상해"라고 했을 때 "○○에 관해서 말입니까?"라고 물으면 반론한 상대는 "그래(YES)"라고 대답한다.

이런 식으로 'YES'를 반복해서 대답할 때마다 두 사람 사이의 긴장도 누그러진다.

결국 상대방은 'YES'라고 대답하는 것에 저항심을 느끼지 않게 되며 다소 억지스러운 조건이라도 받아들인다. '그래. 나는 이게 마음에 들었어'라며 상대방 스스로 이해하고 선택했다는 듯이 생각하게 만들 수 있다.

질문을 반복해서
가장 중요한 제안을 받게 한다

'YES 유도 화법'은 최면 상술 등에서도 자주 사용되는 기법이다.

이를테면 조악품으로 유인해서 사람들을 방 안에 모아놓은 후에 사회자의 지시를 따라 상품을 계속 구입하는 모습을 보여준다. "빠른 사람이 임자", "이 자리에서 구입하지 않으면 손해"라는 말을 반복하며 "보통 30만 엔(한화 약 279만 원) 하는 상품을 오늘은 반액 세일한다!"고 큰소리로 말한다. 그러면 참가자들은 의심도 없이 반사적으로 '네!' 하고 대답하며 손을 든다.

다음에 소개하는 것은 대형 마트의 한쪽 구석에서 이루어진 판촉 시연의 대화 장면이다.

A. "자, 잘 보세요. 맨 뒤에 계시는 분 보이시나요?"

B. "네."

A. "이 청소기는 일반 청소기와 비슷해 보이죠? 하지만 기능이 좀 더 추가됐어요."

B. "네."

A. "요즘에는 아파트 거실에 마루를 까는 집이 많더라고요. 댁에서도 그러신가요?"

B. "네."

A. "그 마룻바닥에 카펫을 깔아놓잖아요."

B. "네."

A. "카펫 청소하기 귀찮으시죠?"

B. "네."

가게 앞에서 판매할 때는 고객의 발을 어떻게 붙잡느냐가 중요하다.

먼저 일방적으로 상품 설명만 해서는 고객이 그냥 지나갈 뿐이다. 그래서 고객에게 질문하거나 확인하고, 상품을 보여주며 시연을 한다. 일단 고객을 끌어들이는 것이다. "굉장하죠? 다시 한 번 해볼게요"라며 고객에게 확인시키면서 질문을 본론으로 바꿔나간다.

고객은 어느 순간 대화에 참가해서 고개를 끄덕이는 사이에 '확실히 이게 있으면 편리하겠다', '우리 집에도 하나 필요해'라고 판매원이 하는 말을 전면적으로 받아들인다.

이렇게 자신이 시연하는 내용을 그때마다 고객에게 확인하는 기술을 가리켜 '확인 화법'이라고 부른다.

앞에서 설명한 'YES 유도 화법'은 자신의 페이스에 상대방을 끌어들이는 기술 중 하나다.

"과장님, 오늘 점심은 맛있게 드셨나요?"

"그래."

"갑작스럽지만 이 기획서 좀 봐 주시겠어요?"

"아, 그래."

"이걸로 진행해도 될까요?"

"응, 좋아."

이런 식으로 부정당하지 않는 질문을 반복하는 것이 중요하다. 질문에 YES를 반복하다가 다음 질문이 앞의 질문 내용과 조금이라도 관계가 있으면 그 질문을 일일이 확인하는 감각이 마비된다.

일단 'YES'라고 대답할 수 있는 질문을 계속하고 'NO'라고 말하지 않게 해야 한다. 'YES'를 연발하게 해서 감각을 마비시킨 뒤에 중요한 제안에 YES라고 대답하게 하는 것이다.

회의 중에 상대방을 아무렇지 않게 칭찬하는 것도 효과적이다. 사람은 치켜세워지는 것에 약하다. 칭찬받으면 기분이 매우 좋아져서 웬만한 일에는 거의 'YES'라고 대답하는 경향이 있다.

사람은 암시로 병이 낫는다

일상 생활 속에서 피곤하거나 슬럼프 상태에 빠졌을 때 당신은 어떻게 하는가?

뭔가를 계기로 해서 '아아, 더는 못하겠다'는 생각이 강해지면 평소의 능력을 발휘하지 못하게 된다.

그 결과 실패를 초래하기 쉬워져서 '역시 안 돼!'라고 포기하며 악순환에 빠진다.

실패하는 일이 많아지면 기분이 가라앉아서 몸에도 악영향을 미친다. 피로와 스트레스가 쌓이면 알칼리성이었던 체내가 산성으로 치우쳐서 체내 저항력과 면역력이 둔해진다.

이 악순환에서 회복하는 방법 중 하나는 '안 돼'라는 말을 다른 말로 바꾸는 것이다.

암시는 인간의 감정이나 행동, 사고뿐만 아니라 신체에도 큰 영향을 미친다.

불면증 때문에 의사를 찾은 환자에게 "수면제입니다"라고 하며 비타민 약을 처방하면 잠을 자게 되는 사람이 많다고 한다. 비타민 약에는 의학적으로 수면 효과는 없다. 그런데 왜 이런 일이 일어날까?

바로 일종의 암시 때문이다. 그래서 비타민 약을 수면제로 대용할 수 있는 것이다.

불면증 환자가 의사에게 비타민 약을 처방받고 잠을 잘 수 있게 된 것은 말의 암시력이 크다.

"네, 이 약을 먹으면 괜찮아요."

"오늘 밤부터 푹 잘 수 있을 겁니다."

이런 말을 들으면 '믿을 수 있는 의사가 하는 말이니까 분명히 효과가 있을 것이다'라고 굳게 믿는다. 그런 생각으로 먹은 사람에게는 효과가 나타난다.

이렇듯 정신적인 요인으로 치료가 진행되는 효과를 '플라시보(위약) 효과 placebo effect'라고 한다. 원래 아무 효과 없는 위약이 병을 개선시켜서 약효가 있는 것처럼 보이는 현상을 뜻한다. 플라시보란 라틴어의 '만족시키다', '기분 좋게 하다'에서 유래한 말이다.

실제 의료계에서는 전분이나 젖당을 굳혀서 만든 위약이 치료에 이용된다. 위약 효과에 관한 연구 보고는 이 외에도 굉장히 많다.

이를테면 진통 효과가 있는 모르핀을 A 그룹 환자에게 투여하고, B 그룹 환자에게는 대용할 수 있는 약을 투여해서 두 그룹의 증상 차이를 조사한 실험이 있다.

그 결과 모르핀을 맞은 환자의 52%가 통증이 사라졌고, 대용 약을 맞은 환자의 40%도 통증이 사라졌다고 한다. 위약이라도 진짜 약이라고 믿은 절반에 가까운 환자들에게는 효과가 나타난 것이다.

왜 위약으로 병이 나았을까? 약이 아니라 '좋아지고 싶다!'는 강한 희망과 의사에 대한 신뢰감이 있었기 때문이다. 이것은 '믿을 수 있는 의사가 하는 말이라면 틀림없다', '병이 낫는다는 말을 믿어보자'는 마음이다.

플라시보의 반대말은 '노시보nocebo'라고 하는데, '어떤 약을 먹어도 나을 리가 없다'고 믿어버리는 현상을 뜻한다. 최근 의학계의 발표에서도 환자의 비관적인 태도와 병상의 관계에 관해 흥미로운 내용이 있었다. '좋아지지 않는다'고 생각한 환자는 아무리 훌륭한 치료를 받아도 증상이 악화되는 경향이 강하다고 한다.

실제로 암 환자를 연구한 조사에서는 '반드시 암을 이겨내겠다!'고 계속 기대하던 사람보다 '나는 이제 틀렸다'며 절망에 사로잡힌 사람의 사망률과 재발 확률이 모두 높다는 결과가 나왔다.

'병은 마음먹기에 달렸다'고 하듯이 몸과 마음은 이어져 있다. 특히 암시에는 강력한 효과가 있어서 통증마저 사라진다.

자기 암시도 이와 똑같아서 현실에 작용이 미칠 정도의 영향력을 갖고 있다.

이처럼 사람의 신념이나 신뢰는 몸뿐만 아니라 다양한 것에 작용한다.

예컨대 사람은 자기도 모르는 사이에 자신에게 이런저런 말을 걸다가 무심코 그 말을 따르는 행동을 한다.

'반드시 할 수 있어!'라고 생각하는 사람은 할 수 있게 되고, '절대로 못해!'라고 믿으면 행동에도 제동이 걸려서 될 일도 안 된다.

자기도 모르게 부정적으로 생각하기 쉬운 사람은 긍정적인 자기 암시를 걸어보면 좋다.

좀처럼 생각대로 되지 않지만 같은 상황이 계속 이어지는 것은 아니다. 지금은 힘들어도 반드시 좋은 방향으로 나아갈 것이라고 믿자. 진심으로 믿는다는 것은 병의 쾌유를 막론하고 굉장히 큰 효과가 있다.

Chapter **6**

'분위기'를 이용해서 상대방에게
YES를 이끌어낸다!

데이트를 신청할 타이밍은
언제로 정할까?

　호감을 느끼는 상대에게 데이트 신청을 하고 싶을 때, 당신이라면 말을 꺼낼 타이밍으로 다음 중 어느 것을 선택하겠는가?

> A. 이야기하면서 티 나지 않게 그 화제로 방향을 이끌어간다.
>
> B. 상대방이 침울해할 때 격려하면서 "○○에 가자!"고 권유해본다.
>
> C. 상대방의 기분이 좋을 때 말한다.
>
> D. 상대방이 한가해 보이는 때를 골라서 말한다.

　평소 '눈치를 살핀다'는 말을 자주 들을 수 있다. 대표적으로 짜증을 잘 내는 상사를 둔 부하 직원은 상사의 눈치를 보며 일할 때가 많지 않은가?

　사람은 그때의 기분이나 감정 상태에 따라 생각과 태도, 행동이 달라지는 법이다.

　또 사소한 일로 기분이 바뀔 때도 많다. 아침 일찍 상사에게 혼나면 불쾌한 마음으로 하루를 보낼 것이고, 좋아하는 상대가 호의적으로 대하면 기분이 좋아지기도 한다.

다른 사람의 성격을 판단할 경우, 어떤 상황에서 그 사람을 관찰했는지도 상당히 중요하다. 사람의 행동은 당시의 상황에 큰 영향을 받기 때문이다.

예컨대 우리는 기쁜 일이 있으면 개방적이 되어 말이 많아지지만, 반대로 슬프거나 피곤할 때는 폐쇄적이 되어 침묵하기 쉽다.

첫 만남에서 상대방의 태도가 어쩐지 냉담하고 정서 결핍처럼 느껴질 때가 있다. '내가 거슬리는 말이라도 했었나?' 하고 신경 쓰는 사람이 있는데, 어쩌면 상대방이 우연히 기분이 좋지 않을 때일 수도 있다. 두 번째 만났을 때도 똑같은 표정이나 태도를 보인다면 원래 그런 사람일 확률이 높다. 그 사람은 기분이 좋으면 달라진 태도를 보일 것이다.

기분이 좋을 때는 마음에도 여유가 생기기 때문에 상대방의 부탁을 들어줄 수 있다. 한편 기분이 나쁠 때는 평소라면 흘려들을 사소한 이야기에 화를 내거나 다른 사람을 도우려는 생각을 하지 못한다. 슬퍼서 기분이 울적하거나 피곤해서 신경이 쇠약해졌을 때 귀찮은 일을 부탁받으면 화가 난다.

기분 상태에 따라 누군가를 돕는 원조 행동에 차이가 나타나는 것은 실험으로도 밝혀졌다. 이 실험에서는 '기분이 좋은 사람'과 '우울한 사람'에게 모금을 부탁했다.

모금 종류는 두 가지로, 하나는 '어린이들의 웃는 얼굴을 지켜주기 위해서 모금해주세요', 다른 하나는 '어린이들이 굶주림에 시달리고 있습니다'라는 이유를 말하며 모금을 부탁했더니, 기분 좋은 사람은 전자에 모금하는 비율이 높았고, 우울한 사람은 후자에 모금하는 비율이 높았다. 즉 사람은 자신과 비슷한 상황에 놓여 있는 사람에게 원조하기 쉽다는 뜻이다.

또한 기분이 상쾌하고 즐거울 때는 좋은 말이 쉽게 떠오르고, 반대로 슬프거나 우울할 때는 나쁜 말이 쉽게 떠오른다. 이러한 현상을 '기분 일치 효과'라고 한다.

바꿔 말하면 뭔가를 부탁해야 할 때는 상대방의 기분이나 상태에 맞춰야 효과적이라는 의미다.

따라서 앞에서 든 예와 같이 데이트 신청도 상대방이 기분 좋을 때를 골라서 말을 꺼내야 승낙할 가능성이 높아진다.

상대방에게 즐거워 보이는 이벤트나 영화 관람처럼 데이트 계획을 몇 가지 제안하면 끌려올 것이다. 데이트하면서 대화를 나눌 때도 상대방과 같은 상태를 유지하며 이야기해서 분위기를 고조시키고, 헤어질 때는 인상적인 말을 남기도록 하자.

비즈니스의 경우에도 "○○에 관해서는 초보였는데 오늘 정말로 많이 배웠습니다. 감사합니다. 앞으로도 잘 부탁합니다"라고 말을 매듭짓는다.

마지막 인상이 강하게 남는 것을 심리학에서는 '친근 효과'라고 한다. 영화의 줄거리보다 마지막 장면이 인상에 남듯이 '마지막이 좋으면 다 좋다'는 것이다. 다른 사람들과의 만남도 마찬가지다.

먼저 자신에 관해 이야기하며 결점을 보여준 뒤, 헤어질 때 '만나서 좋았다'는 말을 전한다. 이 한마디만으로도 상대방에게 호감을 얻을 확률이 올라간다.

사람은 '맑은 날'일수록
인심이 좋아진다

하루 중 당신의 컨디션이 가장 좋은 시간과 머리가 맑은 시간은 언제 인가?

어떤 사람이든지 기분이 좋을 때와 나쁠 때가 있다. 평소 냉정하고 침착하게 보이는 사람이라도 컨디션이 좋을 때와 나쁠 때가 있듯이 감정과 기분이 항상 일정한 것은 아니다.

기분이 좋을 때는 타인에게도 친절해져서 어려운 사람을 돕는 원조 활동의 범위도 넓어진다.

한편 기분이 나쁠 때는 무뚝뚝하게 대응하거나 다른 사람의 사소한 행동까지 불쾌하게 생각한다.

거래에 관해 이야기할 때는 자신과 상대방의 바이오리듬을 파악해두면 좋다. 기분이 좋을 때 사람들은 대체로 'YES'라고 대답하는 경향이 있다. 그래서 자신의 기분뿐만 아니라 상대방의 감정이나 기분이 좋을 때 거래가 쉽게 성사된다.

담당자를 만나봐야 알 수 있는 경우에는 만났을 때 상대방의 기분을 관찰한다. 오늘은 짜증스러워 보이면 간단한 설명으로 그치고 다른 날 다시 찾아가는 편이 좋다. 반대로 기분이 좋아 보이면 그 자리에서 거래를 성사시킬 생각으로 이야기를 단번에 진행하면 좋다.

또한 시간대도 고려해야 한다. 아침형 인간은 역시 아침에 머리가 잘 돌아간다. 반대로 저녁형 인간은 오전 중에 멍하니 있다가 저녁이 되면 머리가 맑아진다.

공부나 일에 집중하고 싶을 경우에는 자신의 유형에 맞는 리듬을 찾는 것이 가장 좋다. 아침형 인간은 새벽, 저녁형 인간은 한밤중일 때 움직여야 정보가 머릿속에 쉽게 들어올 것이다.

참고로 심리학에서 '해질녘 효과'라고 하는 것이 있다. 해질 무렵에는 심신의 피로가 절정에 달해서 짜증이 나고 진정되지 않는다. 따라서 일종의 사고력 저하가 일어나 암시에 걸리기 쉽다고 한다.

'설득하려면 해질 무렵을 노려라!'

이것은 히틀러가 자주 사용한 방법이다.

하지만 이 방법은 아침형 인간에게만 사용할 수 있으며, 저녁형 인간에게는 그다지 효과가 없을지도 모른다.

미국의 심리학자 커밍스의 말에 의하면 사람의 기분이나 감정은 날씨에도 영향을 받는다고 한다.

날씨가 맑은 날은 마음까지 맑게 갠 것처럼 느껴지지만, 비가 오거나 구름이 많고 잔뜩 흐린 날에는 기분이 우울해진다.

미국의 어느 연구 보고에 의하면 날씨가 좋은 날은 흐리거나 비가 오는 날보다 레스토랑을 찾는 손님의 팁 금액이 많다고 한다. 기분 상태로 원조 활동에 차이가 나타나듯이 맑은 날에는 기분이 좋기 때문에 팁을

넉넉히 놓고 가는 사람이 많은 것이다.

또한 즐겨 듣는 음악에도 현재 자신의 기분 상태가 반영된다.

일이나 연애가 잘 될 때는 밝고 경쾌한 음악을 즐겨 듣는 데 비해, 실연당해서 우울할 때는 가사와 멜로디가 슬프고 음울한 노래를 즐겨 듣지 않는가?

기분에 좌우되기 쉬운 사람은 비즈니스 현장에서 그다지 신용을 얻지 못한다. 그러므로 자신만의 바이오리듬을 알아두는 것도 필요하다.

우호적으로 이야기하고
싶을 때는 넓은 방으로

다른 사람과 이야기할 때 장소에 따라서도 설득 효과가 좌우된다. 그만큼 대화의 공간은 중요하다.

사람은 저마다 개인 공간personal space을 갖고 있다. 이것은 자신의 주위에 두는 공간이나 영역을 의미하며 동물의 '세력 의식'과 같다.

친밀한 관계를 유지하는 사람과는 가까운 거리에서 이야기할 수 있지만, 처음 만나는 사람이 갑자기 다가오면 불쾌해질 것이다. 그것은 자신의 개인 공간을 침범했기 때문이다.

개인 공간은 바꿔 말하면 커뮤니케이션을 취하는 상대와의 물리적인 거리라고 할 수 있다.

일반적으로 상대방과의 관계와 대인 거리는 다음과 같다.

❶ 친밀한 관계(45cm 이내): 가족, 애인 등 신체적 접촉을 쉽게 할 수 있는 거리

❷ 개인적 관계(45cm~120cm): 친구 등 개인적인 대화를 주고받을 때의 거리

❸ **사교적 관계**(120cm~360cm): 직장 동료와 함께 일할 때의 거리

❹ **공식적 관계**(360cm 이상): 공적인 인물과 공식적인 자리에서 만날 때의 거리

이것은 어디까지나 일반적인 거리이며 개인차는 있다. 외향적인 사람은 내향적인 사람보다 개인 공간이 작으며, 여성이 남성보다 더 작은 경향을 보인다.

특히 좁은 통로나 혼잡한 장소에서 사람들은 앞에서 걸어온 사람과 스쳐 지날 때 어깨가 부딪치지 않으려고 다양한 자세를 취한다. 남과 부딪칠 때는 대인 거리가 0이라서 상대방이 생판 남이면 개인 공간을 최대한으로 침해당한 것과 같다.

그 상황을 잘 관찰하면 남녀 차이가 있다는 것을 알 수 있다. 남성은 상대방과 스쳐 지날 때 배를 보이면서 걷는 데 비해 여성은 등을 보이며 걷는 경우가 많다.

동물은 상대방이 등을 보일 때 덤벼든다고 한다.

남성이 배를 보이는 것은 자신의 개인 공간에 침입한 상대로부터의 공격을 대비해서 언제든지 위험으로부터 자신을 보호하려고 지키려고 하기 때문이다.

위험을 감지하면 무의식중에 방어 본능이 작용하여 상대방에게 등을 보이지 않으려고 한다.

한편 여성은 누군가가 개인 공간을 침입하면 상대로부터 언제든지 도망갈 수 있는 자세를 취한다.

남성의 개인 공간은 여성보다 크고 앞쪽으로 넓다고 하는데, 이 역시 남성이 원래 가진 공격성과 투쟁심 등이 영향을 주는 것일 수 있다.

예를 들어보겠다. 남성 10명이 서로 대화를 나누게 되었다고 하자. 가능하면 대립이나 충돌을 피해서 순조롭게 이야기하고 싶을 경우, 다음 중 어느 방이 가장 적합하겠는가?

A. 넓은 정사각형 방

B. 직사각형 방

C. 원형 방

D. 작은 방

여성 그룹은 좁은 공간에서 이야기해야 상호 간에 커뮤니케이션을 취하기 쉽고 친근감도 잘 생기는데, 남성 그룹은 널찍한 공간에서 이야기해야 대립하지 않고 이야기가 순조롭게 진행된다고 한다. 좁고 혼잡한 공간에서 이야기하면 공격성이 드러나서 투쟁심이 조장되기 쉬워진다. 특히 서로 마주 보고 앉은 사람끼리는 대립 감정을 갖기 쉽다. 따라서 정답은 A다.

서로 속마음을 터놓고 싶을 때는 작은 방도 효과적이다. 하지만 거래처와의 상담이나 접대 등에서 상대방을 설득하거나 원만한 대화를 나누고 싶을 때는 넓고 여유 있는 방을 선택해야 좋다. 사람은 비좁고 답답한 공간보다 넓은 공간에 있어야 긴장을 풀 수 있다. 가능하면 창문이 크고 실내가 밝은 편이 좋다.

이렇듯 대화를 나누는 사람의 수가 같더라도 방의 크기에 따라 이야기의 내용이나 결과까지 달라진다.

　장소를 준비할 때는 목적과 멤버를 고려해서 선택하도록 하고, 개인 공간을 서로 침해할 일이 없는 대인 거리를 유지하며 회의할 수 있도록 설정하는 것이 중요하겠다.

자신의 홈그라운드에서
상황을 유리하게 가져가라

매사를 자신에게 유리한 쪽으로 가져가거나 인간관계에서 주도권을 잡으려면 '장소' 설정이 중요하다.

환경은 사람에게 어느 정도 영향을 미친다. 이를테면 연일 밤을 새워 피곤할 때 만원 전철에서 오랜 시간 꼼짝도 못하는 상태가 되면 피로와 스트레스가 늘어나지만, 나무로 둘러싸인 공원에서 신선한 공기를 마시면 편안함이 느껴진다. 또 사람이나 자동차가 많이 지나다니는 대로변의 가게에서는 맛있는 음식을 먹는다 해도 진정이 되지 않는데, 분위기가 좋고 공간이 넓은 가게에서 느긋하게 음악을 들으면서 맛있는 음식을 먹으면 기분이 좋아진다.

이렇듯 장소는 자신도 모르는 사이에 심리적인 작용을 일으킨다.

중요한 비즈니스 자리일 경우에는 옷차림이나 이야기 내용 등에 신경을 쏟는다. 하지만 장소도 의식적으로 선택하고 있는가? 그냥 마음에 들어서, 상대방이 추천해서, 분위기가 좋아서, 음식이 맛있다고 평판이 자자해서라는 이유로 장소를 결정하지는 않는가?

자신에게 유리한 쪽으로 분위기를 이끌어가고 싶을 때는 '단골 가게'나 '자주 찾는 장소' 등과 같이 자신의 홈그라운드로 상대방을 끌어들이면 효과적이다.

야구나 축구 시합에서도 홈그라운드에서는 강하지만 어웨이(적지)에서는 기세를 쉽게 올리지 못하는 경우를 자주 볼 수 있다.

동물은 '세력권'을 갖고 있는데 인간에 비유할 경우 자신의 책상, 집, 방, 부서, 회사 등이 이에 해당된다. 홈그라운드에서는 긴장을 풀고 시합을 할 수 있으므로 정신적으로 안심을 느끼며 마음에 여유가 생긴다. 운동장 상태도 잘 이해하고 있고, 냉정하게 주위나 자신의 상황을 파악할 수 있다. 이러한 긍정적 작용으로 인해 홈그라운드에서 실력 이상의 힘을 발휘할 수 있는 것이다.

반대로 상대 팀의 입장에서는 익숙하지 않은 장소라서 긴장이 쉽게 풀리지 않을뿐더러 운동장 상태도 잘 모른다. 긴장해서 마음이 조급해지기 때문에 연습을 거듭했음에도 불구하고 실력을 발휘하지 못하는 결과가 나타난다.

이처럼 장소가 사람에게 주는 심리 효과를 '홈그라운드 효과'라고 한다. 상담 및 프레젠테이션을 하거나 좋아하는 상대에게 고백할 때는 불안과 긴장이 동반되는 법이다. 그렇다면 약속을 정하기 전에 장소 선정에 주의를 기울여서 차분히 준비해보면 어떨까?

처음 가는 장소라면 예비 조사를 하러 가는 것도 좋다. 자신의 세력권이라는 생각으로 최대한 긴장을 풀고 임하도록 하는 것이다. 긴장하면 아무래도 어깨에 힘이 들어가기 마련이다. 그런 상태로는 자신의 능력을 충분히 발휘할 수 없고 자기 자신을 객관적으로 보기도 어렵다.

처음 만날 때에도 홈그라운드를 이용하면 마음의 안정을 유지할 수 있고 자기 페이스로 대화를 원활하게 진행할 수 있다. 그러면 상대방은 긴장하지 않고 당당해하는 당신의 태도를 보고 인상을 결정할 것이다. 이렇듯 장소도 당신의 인상을 결정하는 큰 요소가 된다.

상대방을 홈그라운드로 끌어들이도록 의식하면 반드시 당신에게 유리한 방향으로 분위기를 이끌어갈 수 있다.

'우선 커피와 과자를 드세요'의 효과

미국이나 유럽에서는 아침 또는 점심 식사 때 미팅하는 장면을 종종 볼 수 있다. 비즈니스와 사적인 시간을 정확히 구분하는 서양인들이 볼 때, 근무 시간 중에 함께 점심을 먹으면서 미팅하는 것은 시간 절약처럼 느껴질 것이다.

일본에서는 미국이나 유럽처럼 식사하면서 미팅하는 습관은 없지만 점심을 먹으면서 미팅하는 기업도 점점 늘고 있다. 잠깐 쉴 때 커피를 마시면 긴장이 풀리듯이 음식을 먹으면서 미팅을 하면 이야기를 우호적인 방향으로 진행시키기 쉽다.

설득 시 상대방이 뭔가를 먹는 경우와 먹지 않는 경우를 비교했을 때 얼마나 큰 차이가 있는지 조사한 실험이 있다.

대학생 약 200명에게 자신의 생각이나 예상 등을 결정하게 하고, 다음의 네 가지 설득문을 읽게 한 뒤 다시 한 번 자신의 생각이나 의견을 결정하게 했다.

❶ 미국의 군대 규모에 관한 글

❷ 달나라 여행에 관한 글

❸ 입체 영화에 관한 글

❹ 암 치료법에 관한 글

이때 피험자들을 두 그룹으로 나눠서 전자에게는 콜라와 땅콩(스낵)을 주고, 후자에게는 아무것도 주지 않은 상태에서 각각 같은 글을 읽게 했다. 그 결과 그냥 글만 읽도록 지시받은 그룹과 땅콩을 먹고 콜라를 마시면서 글을 읽은 그룹이 판이한 의견 차이를 보였다.

이를테면 ①의 군대 규모에 관한 글에 동의한 비율은 글만 읽은 그룹에서도 61.9%였는데, 음식을 먹으면서 설득문을 읽은 그룹에서는 81.18%가 동의했다. ②의 달나라 여행에 관한 글에서는 동의한 비율이 42.8%에서 67.2%로 상승했다. 즉 음식을 먹으면서 글을 읽으면 의견을 바꾸는 것이다. 이처럼 사람은 뭔가를 먹을 때 수용도가 높아지므로 설득당하기 쉬워진다.

일본에서는 옛날부터 술 접대를 해왔다. 하지만 거래상 한쪽이 다른 쪽에게 뭔가 편의를 제공받으려는 목적이 강해서 그런 접대 자리는 서로 암묵적인 양해를 구해야 하는 경우가 많다. 미팅할 경우에는 역시 가볍고 우호적인 장소나 분위기가 좋다.

이렇게 맛있는 식사를 이용해서 호감도를 높이는 방법을 '런천 테크닉luncheon technique'이라고 부른다.

비즈니스 접대에 요릿집을
이용하는 이유는?

정치가들이 회의나 중요한 교섭을 할 때 요릿집을 이용하는 경우가 많다. 비즈니스에서도 고급 접대나 뇌물을 건네는 행동이 상식이라고 하는데 도대체 이유가 무엇일까?

교섭이나 중요한 미팅 등은 맛있는 식사를 하면서 해야 설득 효과도 커진다. 여기에는 '심리적 보답성'이 작용한다.

상대방의 성미가 까다롭거나 난색을 표할 경우에는 맛있는 식사를 겸해야 대화가 순조롭게 진행된다는 것을 정치가나 경영자들은 경험상 알고 있다.

맛있는 음식을 먹는 것은 '쾌락'이다. 인간은 '쾌감 원칙'에 의해 행동한다. 프로이트에 의하면 '쾌감 원칙'이란 심적 기능을 지배하는 두 가지 원칙 중 하나로, 쾌락을 추구하며 불쾌함을 피하는 원칙을 뜻한다고 했다.

맛있는 음식은 먹는 사람에게 만족감을 주고 그 만족감으로 인해 상대방이나 상대방의 이야기를 받아들이기 쉬워진다. 마음속으로는 받아들이기 어려운 일이라도 모처럼 맛있는 음식을 먹었는데 말참견을 해서 분위기를 망칠 수 없다는 심리도 작용한다.

즉 맛있는 음식을 먹으면 만족해서 상대방의 이야기도 호의적으로 듣게 되어 받아들이기 쉬워진다는 의미다.

또 그 쾌락은 식사 중 다양한 기억과 결부된다. 맛있는 음식을 먹으면 기분이 좋아져서 주위 사람들이 잘 보이게 된다. 따라서 식사할 때 들은 이야기나 그때의 이야기 상대에게 호의를 느끼기 쉽다.

미국의 심리학자이자 행동과학자 스키너는 "어떤 행동 후에 쾌감 체험이 동반될 때는 그 행동이 반복해서 일어난다"고 주장했다. 이렇듯 사람은 어떤 장소와 그 자리에 있었던 상대, 이야기 등을 결부시켜서 연상할 때가 있다. 특히 인간의 3대 욕구인 수면욕, 성욕, 식욕과 같은 쾌감을 체험하면 호감도가 올라간다고 한다. 식사를 함께한 사람들이나 그때 주고받은 대화까지도 기분 좋은 체험과 결부시켜서 좋은 인상을 남기는 것이다.

이 원리에 더해 만일 그 음식이 상대방의 서비스라면 더욱더 거절할 수 없게 된다.

'그 사람에게는 여러 가지로 신세를 졌으니 보답해야 한다.'

'힘들었을 때 자주 도움을 받았다. 그 사람에게는 빚이 있다.'

이런 식으로 친절히 대해준 사람에게는 나름의 사례를 하려고 생각한다. 은혜를 입은 상대에게는 은혜를 갚아야 한다는 생각이 배어든 것이다. 심리학에서는 이를 '호혜성reciprocity'이라고 부른다.

또한 이런 '심리적 보답성'의 작용으로 상대방이 친절히 대해주면 그 친절에 보답해야 한다는 마음이 들게 된다. 그래서 상대방으로부터 뭔가를 부탁받으면 귀찮은 일이라도 기분 좋게 받아들여야 한다고 느끼게 된다.

이 '보답성의 원칙'은 상품 판매에서도 자주 이용된다. 무료 샘플 제공을 일례로 들 수 있는데, 무료로 샘플을 받은 사람은 상품에 관한 설명을 들으면 쉽게 거절하지 못한다.

이렇듯 작은 심리적 부담감을 계속 느끼게 되면 상대방의 마음에 큰 '빚'을 졌다는 감정이 생긴다. 그럴 때 원래의 요구를 부탁하면 된다.

상대방에게 어떠한 요구를 부탁하고 싶다면 맛있는 식사를 제공하거나 도움과 친절을 베풀어보자. 대수롭지 않게 생각되는 이 방법이 큰 효과를 발휘할 것이다.

'거래 상담'이 끝났을 때야말로 기회가 있다

사람들은 다음 중 어떤 상황에서 쉽게 설득당할까?

A. 의논할 때

B. 정에 움직였을 때

C. 술을 마셔서 기분이 좋아졌을 때

D. 긴장이 풀렸을 때

정답부터 먼저 설명하겠다. 사람이 가장 설득당하기 쉬울 때는 바로 D의 '긴장이 풀렸을 때'라고 한다.

대화를 나눌 때 상대방이 좀처럼 승낙하지 않는 경우에는 이야기가 끝난 후에 회식 자리에 부르는 것도 한 가지 방법이다.

그러면 술을 마시면서 설득하는 것은 어떨까?

잡담이라면 몰라도 술자리에서 의논을 해봤자 상대방은 잘 듣지 않는다.

술은 음식과 달라서 기분이 좋아지는 사람만 있다고 할 수는 없다. 과음해서 기분이 나빠지거나 말다툼으로 발전하는 등 술은 여러 가지로 문제의 원인이 되기 쉽다. 알코올 효과가 몸에 나타나면 감정의 기복이 심해져서 배포가 커지거나 말이 많아지는 경우가 많다.

또 한쪽이 술김에 한 말을 상대방은 그대로 받아들였는데, 술이 깼을 때는 전혀 기억하지 못했다는 사례도 있다.

물론 술은 커뮤니케이션을 원활하게 하는 효과도 있다. 업무상 알게 된 사무적인 관계였는데 함께 술을 마시면서 서로 속마음을 털어놓고 개인적인 이야기도 하게 되었다는 사례도 당연히 많다. 이처럼 술의 상쾌한 기분이 해방감을 느끼게 해서 마음의 벽을 낮출 때도 종종 있다.

상담 후에 "술 한 잔 마시러 가지 않을래요?"라고 권하는 경우가 많은데, 술자리에서는 개인적인 분위기가 쉽게 조성되어 상대방이 속마음을 털어놓는 경우도 흔하다.

"회의 때는 일단 그렇게 말했지만 사실은……"이라며 속사정을 말하기도 한다. 또 술을 마시면서 속마음을 털어놓고 이야기하거나 차분히 대화를 나누는 등 술자리가 서로의 친근감을 높여줄 때도 많다.

술을 마셨다고 해서 상대방이 모두 진심으로 말한다고 할 수는 없지만, 평소에는 보여주지 않는 상대의 다른 면을 엿볼 수도 있다.

술자리는 사람의 행동을 관찰하는 데 알맞은 자리이기도 하다. 술의 힘을 빌려 공격적으로 변하는 사람, 가슴에 쌓인 불만을 토해내듯이 푸념만 해대는 사람, 취기를 빌미로 무례한 발언을 하는 사람 등 술을 마셨을 때 사람들의 반응은 각양각색이다. '이 사람은 이런 면도 있구나' 하고 관찰하는 것도 평소 커뮤니케이션을 할 때 참고가 되지 않을까?

기분이 좋은 환경에 있으면 서로 좋은 인상을 느끼기 쉬워지므로 식사를 하면서 데이트하는 것도 효과적이다. 사이좋게 지내고 싶은 상대가 있으면 맛있는 식사에 초대하는 것도 좋을 수 있다.

그리고 앉을 때는 나란히 앉아야 친밀도가 높아진다.

개인적인 상담을 할 때도 테이블석에 마주 보고 앉는 것보다 카운터석에서 나란히 앉으면 순조롭게 이야기할 수 있다. 같은 방향을 바라보며 같은 대상을 본다는 연대감이 생기기 쉬워지기 때문이다.

앞에서 자신에 관해 이야기하는 것을 '자기 개시'라고 설명했는데, 여기에는 다음과 같은 경향이 있다.

- 여성에게는 내면적인 자기 개시를 하면 호감을 얻는다.
- 대화를 시작할 때보다 마지막에 자기 개시를 해야 호감을 얻는다.

즉 처음 만나는 여성과 이야기할 때는 "최근에 이런 일로 곤란합니다"라고 이야기를 시작하면 상대방은 친근감을 느끼기 쉬워진다. 또 상대방도 고민 상담을 했을 때 수긍하며 이야기를 들어 주면 호감도는 훨씬 더 올라갈 것이다.

신체적 접촉으로 상대방과의
친밀도는 더욱더 깊어진다

우리는 좋아하는 사람에게는 적극적으로 인사하거나 말을 걸며 다가가려고 하지만, 싫어하는 사람으로부터는 최대한 멀리 떨어지고 싶어 한다. 이렇듯 심리적 거리는 물리적 거리로도 나타난다.

사람은 저마다 자신만의 공간을 갖고 있기 때문에 상대방과 친밀한 관계일수록 거리가 가까워지고 소원한 관계일수록 거리가 멀어진다.

길을 걸어가는 커플이 어떤 관계인지 두 사람 사이의 거리를 보면 추측할 수 있다. 두 사람이 친밀하다면 50cm 정도 떨어져서 '한쪽이 손을 내밀면 다른 한쪽에 닿을 수 있는 거리'를 유지하며 걸어간다.

친구 관계라면 1m 전후, '두 사람이 손을 내밀면 악수할 수 있는 거리'를 유지한다.

업무상 관계, 이를테면 책상에서 상사가 부하 직원과 이야기할 때는 2m 이상의 거리를 유지한다. 이를 사회적 거리라고도 하는데 개인적으로 왕래하는 사이가 아닐 때나 고객과 미팅할 때 볼 수 있는 거리다. 만일 친해지고 싶은 사람이 있으면 서로의 거리(물리적 거리)를 좁혀야 한다.

앞에서 소개했던 미국의 심리학자 시드니 쥬라드는 물리적 거리와 친근감의 관계를 조사하기 위해 다음과 같은 실험을 했다.

그 결과 호감도가 높은 것은 ① 상대방의 몸을 만졌을 때였다.

신체적 접촉(보디 터치)은 감정이나 마음을 전달하는 커뮤니케이션의 가장 직접적인 형태다. 사람은 상대방에게 마음을 열면 자연스럽게 거리가 가까워진다.

친해지고 싶은 사람이 있으면 이야기하면서 아무렇지 않게 어깨나 팔을 살짝 만져서 거리를 좁히면 좋다. 당신이 남성이고 상대방이 여성이라면 자칫 잘못하다 성희롱을 했다는 취급을 받을 수도 있지만, 가까이 다가갔을 때 상대방의 반응을 보면 당신을 어떻게 생각하는지 나타난다.

여성은 남성보다 훨씬 촉각에 민감해서 호의를 느끼는 상대가 아닌 이상 몸을 만지는 것을 싫어할 것이다. 반대로 여성이 팔을 잡거나 손을 건드린 경우에는 당신에게 상당히 호감을 갖고 있다는 증거다.

상대방의 신체 일부를 만지면 친근감이 증가한다. 이런 식으로 서로 친근감을 느끼면 상대방을 자기 페이스로 끌어오기 쉬워진다.

보디 터치를 이용해서 상대방과의 거리를 좁히고 싶은 경우, 특히 남성이 여성을 만질 때는 상대방의 반응을 재빨리 살피기 바란다. 조금이라도 거부감을 보이면 역효과를 일으키므로 주의하자.

화가 난 상대방을
진정시키는 기술

고객 한 사람이 이야기가 다르다며 화를 냈다. 잘못은 고객이 했지만 중요한 고객이다. 부하 직원(또는 후배)이 대응했으나 고객의 기분이 나아지기는커녕 격분하는 상태에 이르렀다.

이럴 때 당신이라면 부하 직원을 대신해서 어떻게 대처하겠는가?

A. 일단 상대방의 이야기를 듣고 화가 가라앉기를 기다린다.

B. "자자, 진정하세요"라며 달랜다.

C. 사정을 설명해서 이해시킨다.

D. 커피를 권한다.

비즈니스뿐만 아니라 일상생활의 인간관계에서도 여러 가지 문제가 발생한다. 재산을 둘러싼 문제나 기업을 상대로 한 소송, 권유나 의뢰, 부부 싸움, 친척간의 다툼, 친구와 돈이나 물건을 빌려주고 받는 문제 등이다. 그 상대도 가족이나 친구, 애인, 지인, 상사나 부하 직원, 동료, 거래처 담당자, 동아리 친구, 이웃사촌 등 다양하다.

상대방의 기분이 감정적이면 그 영향을 받아서 자신도 감정적이 되는 사람이 있다. 하지만 그래서는 이야기가 정리되기는커녕 결렬되는 결과가 될 수도 있다.

그렇다면 흥분한 상대방을 진정시키고 싶을 때는 어떻게 해야 좋을까?

A처럼 상대방의 이야기를 듣는 것도 적절한 방법이다. 사람은 하고 싶은 만큼 말을 하면 화가 가라앉는 경우가 종종 있다. B처럼 화가 나서 흥분한 상대를 "자자, 진정하세요"라고 하며 달래면 오히려 역효과가 일어난다.

C처럼 사정을 설명할 경우에는 몇 가지 주의할 점이 있다.

❶ 의식적으로 천천히 말한다

사람은 여유로운 목소리를 들으면 흥분해도 마음이 진정된다. 반대로 상대방을 흥분시키고 싶으면 일부러 빨리 말하면 된다. '강한 어조로 지껄인다'는 방법인데, 목소리 톤을 높여서 빠른 어조로 말하는 것이다.

❷ 여유로운 동작으로 대응한다

천천히 말하는 것과 마찬가지로 의식적으로 느리게 움직인다. 당신이 여유롭게 움직이면 상대방의 흥분은 점점 가라앉는다. 그렇게 해서 당신의 페이스로 끌어들여 상대방을 진정시킨 상태에서 이야기를 듣도록 한다.

❸ 의자 등을 권한다

상대방이 서 있으면 의자에 앉힌다. 가능하면 편안한 의자가 좋다. 의자에 앉으면 상대방은 흥분을 가라앉힐 때가 있다. 또 서로 의자에 앉을 경우에는 정면으로 마주 보지 말고 테이블 모서리를 사이에 두고 비스듬한 위치에 앉는 것이 좋다. 서로 이웃해서 앉으면 대립 상황을 피할 수 있을 뿐만 아니라 우호적인 분위기를 조성하기도 쉽다.

D의 음료를 권하는 것 역시 효과가 매우 크다. "커피라도 한 잔 드세요"라고 하며 느긋한 동작으로 커피를 탄다.

음료는 상대방이 고르게 하면 좋다. 좋아하는 것을 마시거나 먹을 때 사람은 기분이 좋아지는 법이다. 또 음료를 제공할 때 달콤한 과자를 곁들이면 훨씬 효과적이다. 뭔가를 먹을 때는 기분이 좋아져서 긴장이 풀린다. 특히 단 음식은 매우 효과적이다.

그 외에도 여러 가지 방법이 있지만, 아무튼 상대방이 감정적일 때 당

신도 감정적으로 대응하면 안 된다.

감정을 억누르지 못하면 상대방의 말이나 그 자리의 분위기에 휩쓸리기 쉬워진다. 그것을 방지하려면 상대방의 공격을 민감하게 살피고, 감정에 지배당하지 않도록 당신이 직접 감정을 조절하는 기술을 익히도록 하자.

목소리 패턴을 달리해서
인상을 조작한다

처음 만나는 자리에서 '이 사람은 어떤 인물인가'를 판단할 때 무엇을 단서로 삼을까?

외모나 시선, 태도, 표정이나 행동, 동작 등도 있겠지만 말투나 말하는 속도, 목소리 톤 등도 상대방의 인상을 결정하는 요소가 된다.

미국의 심리학자 앨버트 메라비언Albert Mehrabian의 연구 보고에 의하면 첫 만남에서 상대방을 판단하는 단서가 되는 것은 표정이 55%, 목소리가 37%, 대화 내용은 7%를 차지한다고 한다.

말투나 말 자체보다 목소리의 질이 평가에 영향을 주는 것이다.

학생들에게 여러 가지 목소리를 녹음한 테이프를 들려주고 각각 어떤 인상을 느끼는지 조사한 실험이 있다. 그 실험에 의하면,

- **큰 목소리:** 힘이 센 느낌이다.

- **낮고 울림이 좋은 목소리:** 차분하다, 설득력이 높다.

- **높은 목소리:** 불안정하다, 경박해 보인다.

- **작은 목소리**: 자신감이 없어 보인다. 연약하고 신경질적인 듯하다.

- **도중에 잘 끊기는 목소리**: 힘과 설득력이 부족하다.

이와 같은 인상을 느낀 사람이 많았다.

당신의 목소리는 어느 것에 가까운가?

목소리의 질에 관한 연구 보고에서도 남녀 모두 높은 목소리보다 낮은 목소리가 안도감을 준다고 했다. 낮고 큰 목소리로 매끄럽게 이야기해야 자신감이 넘치고 실력 있는 인물이라는 인상을 주며 설득력도 높다. 여성이라 해도 비즈니스에서 신뢰를 얻으려면 반 옥타브 낮춰서 천천히 말하는 게 좋다.

한편 목소리가 높거나 말을 빨리 하면 불안정하고 자신감이 없어 보인다고 판단하기 쉽다.

일반적으로 목소리가 작은 사람은 내향적이며, 큰 사람은 외향적이고 지배욕, 자기 현시욕이 강하다고 한다. 그러나 평소 목소리가 큰 사람이라도 상대방을 설득하거나 비밀을 터놓을 때는 작은 목소리로 말할 것이다.

여성에게 구애할 때 가까이 다가가서 낮은 목소리로 속삭이는 것과 마찬가지로 상대방과의 거리를 좁히고 싶을 때도 목소리가 작아진다. 작은 목소리로 말하는 것은 비밀이나 화젯거리 등을 공유하고 싶다는 심리가 작용하기 때문이다.

이처럼 목적이나 상황에 따라 목소리를 바꾸면 효과적이다.

예를 들어 중요한 말을 할 때는 낮고 작은 목소리로 천천히 말한다. 갑자기 목소리 톤을 낮춰서 "사실은 말이야……"라고 하면 상대방은 중

대한 이야기를 한다고 생각해서 제대로 들으려고 귀를 기울이게 된다.

상대방이 이야기를 거의 듣지 않는 경우에도 목소리를 낮추면 반드시 주의해서 들으려고 할 것이다.

또한 단조로운 말투보다는 완급 및 강약을 조절하거나 속도를 낮춰서 말하는 등 목소리를 연출해보는 것도 좋다.

한편 상대방이 말할 때의 목소리에서 심리 상태를 추측할 수 있다.

- 목소리가 들뜨거나 리드미컬하면 관심을 갖고 있다는 증거다.

- 목소리가 단조롭거나 도중에 뚝뚝 끊길 때는 관심이나 흥미가 없다는 것을 나타낸다.

- 말하는 속도가 빨라졌을 때는 그 자리를 피하고 싶다는 증거다(상대방이나 그 화제로부터 도망치고 싶은 심리의 표현).

이와 같이 목소리에도 여러 가지 '표정'이 나타나는데, 자신이 말할 때는 이야기의 내용이나 중요도에 따라 화법을 구분해서 사용하도록 하면 좋다. 또 말하면서 상대방의 반응을 보고 목소리 패턴을 바꾸면 훨씬 효과적이다.

'편견'을 이용해서 상대방에게 YES를 이끌어낸다! ·······

'집단 심리'를 이용해서 상대방에게 YES를 이끌어낸다! ·······

'착각'을 이용해서 상대방에게 YES를 이끌어낸다! ·······

• 상대방을 '동요'하게 만들어 YES를 이끌어낸다!

•'암시'를 이용해서 상대방에게 YES를 이끌어낸다!

• '분위기'를 이용해서 상대방에게 YES를 이끌어낸다!